O CANTO
DA CIDADE

Sesc

SERVIÇO SOCIAL DO COMÉRCIO
Administração Regional no Estado de São Paulo

Presidente do Conselho Regional
Abram Szajman
Diretor Regional
Danilo Santos de Miranda

Conselho Editorial
Áurea Leszczynski Vieira Gonçalves
Rosana Paulo da Cunha
Marta Raquel Colabone
Jackson Andrade de Matos

Edições Sesc São Paulo
Gerente Iã Paulo Ribeiro
Gerente Adjunto Francis Manzoni
Editorial Jefferson Alves de Lima
Assistente: Rafael Fernandes Cação
Produção Gráfica Fabio Pinotti
Assistente: Ricardo Kawazu

O CANTO DA CIDADE

Da matriz afro-baiana à
axé music de Daniela Mercury

Luciano Matos

edições
sesc

Lauro Lisboa Garcia (org.)

© Luciano Matos, 2021
© Edições Sesc São Paulo, 2021
Todos os direitos reservados

1ª impressão, 2023

Preparação
Leandro Rodrigues

Revisão
Richard Sanches, Maiara Gouveia

Capa e identidade visual
Érico Peretta

Projeto gráfico e diagramação
fkeditorial

Dados Internacionais de Catalogação na Publicação (CIP)

M4281c   Matos, Luciano
            O canto da cidade: da matriz afro-baiana à axé music de Daniela Mercury / Luciano Matos. – São Paulo: Edições Sesc São Paulo, 2021. –
            212 p. – (Discos da Música Brasileira).

            Bibliografia
            ISBN 978-65-86111-64-4

            1. Música brasileira. 2. Discos da música brasileira. 3. Disco O canto da cidade. 4. Daniela Mercury. 5. Axé Music. I. Título. II. Subtítulo. III. Discos da Música Brasileira.

CDD 780.981

Ficha catalográfica elaborada por Maria Delcina Feitosa CRB/8-6187

Edições Sesc São Paulo
Rua Serra da Bocaina, 570 – 11º andar
03174-000 – São Paulo SP Brasil
Tel. 55 11 2607-9400
edicoes@sescsp.org.br
sescsp.org.br/edicoes

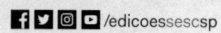

🅕 🅨 🄾 🅓 /edicoessescsp

*Para Aila França Cabral, companheira de sempre;
Vera Lúcia Barreto Matos, mãe e fonte de força;
Orlando Carneiro Matos, pai e inspiração.*

AGRADECIMENTOS

A Lauro Lisboa e Jefferson Alves de Lima, pelo convite e confiança. Aos compositores e criadores negros da música feita na Bahia hoje e sempre. A Daniela Mercury e Malu Verçosa. A Jorginho Sampaio, Liminha, Márcia Short, Letieres Leite, Vovô do Ilê, Arany Santana, Jorge Xaréu, Marcos Kilzer, William Magalhães, Jussara Setenta, Adailton Poesia e todos os entrevistados: Davi Moraes, Cesário Leony, Tote Gira, Rey Zulu, Guiguio, Carlinhos Brown, Margareth Menezes, Edmundo Carôso, Marcos Maynard, Felipe Cordeiro, Márcia Castro, João Jorge, Janílson Rodrigues (Barabadá), Herbert Vianna, Durval Lelys, Patricktor4, Joelma, Mauro Ferreira, Assucena Assucena e Raquel Virgínia. A Sandro Telles, Tonho Matéria, Nestor Madrid e a todos os que contribuíram de alguma forma. Ao amor de minha vida, Aila Cabral, a meus pais, Orlando e Vera Matos; a meus irmãos Danilo e Mariana Matos; aos amigos de sempre, novos e antigos. A Moraes Moreira, Ramiro Musotto e Jorge Portugal (*in memoriam*). Aos blocos afro e seus criadores, a base fundamental. Aos orixás, deuses e protetores que nos cercam, acreditemos neles ou não.

Tem que dançar a dança
Que a nossa dor balança o chão da praça

Moraes Moreira e Fausto Nilo

SUMÁRIO

APRESENTAÇÃO
    Danilo Santos de Miranda 10

PREFÁCIO
    Lauro Lisboa Garcia 14

_1 **BALANÇO AO MEIO-DIA** 20

_2 **O MUNDO NEGRO** 38

_3 **A PRODUÇÃO** 72

_4 **O ÁLBUM** 98

_5 **FAIXA A FAIXA** 108

_6 **RAINHA DO AXÉ** 142

_7 **EMBRANQUECIMENTO DA AXÉ MUSIC** 160

_8 **A INFLUÊNCIA** 180

FICHA TÉCNICA DO DISCO 204

BIBLIOGRAFIA 209

SOBRE O AUTOR 211

Apresentação

Como expressão artística e forma de conhecimento, a música oferece campo fecundo à observação do homem, seu tempo e imaginário. Vasto território de experiências, que vão dos cantos dos povos nativos às composições sacras e de concerto, à modinha, ao lundu, ao maxixe e ao choro, passando pelo samba, a bossa nova, o baião e o xote até o pop, o rock e a eletrônica, a criação musical se mostra como manifestação cultural das mais férteis, presentes e marcantes da vida no Brasil.

Amparado em histórias, heranças e universos simbólicos de diferentes povos que aqui se encontraram, o gosto pela música se refletiu no interesse com que a vida moderna e urbana do país recebeu invenções como o disco e o rádio. Era a época em que cantores, cantoras e instrumentistas de todos os estilos passavam ao posto de ídolos populares e jovens compositores criavam canções e marchinhas que atravessariam os tempos.

Esse curso da criação musical é o que orienta a presente coleção Discos da Música Brasileira. A série, organizada pelo jornalista e crítico Lauro Lisboa Garcia, apresenta em cada volume a história de um álbum que marcou a produção nacional, seja pela estética, por questões sociais e políticas, pela influência sobre o comportamento do público, seja como representante de novidades no cenário artístico e em seu alcance comercial.

Neste volume, o álbum visitado é *O canto da cidade*, de Daniela Mercury. No livro, o jornalista baiano Luciano Matos entrevista músicos, produtores e executivos de gravadora para recontar a história e os bastidores do disco e do estilo que surgiu na Bahia e ganhou o Carnaval nas ruas pelo Brasil.

Pautando-se por uma linguagem clara e direta, a coleção Discos da Música Brasileira se desenvolve a partir de uma perspectiva que contempla a valorização da memória musical na mesma medida em que busca observar os ecos e as reverberações daquelas criações na produção atual.

Danilo Santos de Miranda
Diretor do Sesc São Paulo

Prefácio

Como escreveu e cantou o pai de todos, Dorival Caymmi, "a Bahia tem um jeito que nenhuma terra tem". E foi com guitarra de rock'n'roll, batuque de candomblé, balanço de samba-reggae, levadas loucas, belezas de afoxé, lambadas caribenhas, pipocas fervorosas, corpos pintados e saltos elétricos que a estação primeira do Brasil deu um jeito festeiro de permanecer na tradição desse porto musical (que não é normal) para além de Caymmi, João Gilberto, Dodô & Osmar, tropicalistas, balangandãs, novos baianos, portugais, caldas e outros caetanos, moraes e Carnavais.

Em 1992, o Brasil viu irromper o fenômeno midiático Daniela Mercury, uma vulcânica representante de encantos e axés da baianidade mestiça. Como havia acontecido com outros grandes eventos da música popular pós-bossa nova do Brasil (os festivais, a jovem guarda, o tropicalismo, tudo cria dos anos 1960), a faísca se desprendeu em São

Paulo. Nem era dia de Carnaval, mas foi numa sexta-feira na hora do almoço que a futura "rainha do axé" transformou a região do Masp (Museu de Arte de São Paulo) em uma espécie de praça Castro Alves. A avenida Paulista, centro nervoso (em diversos sentidos) da Sampa ainda meio "túmulo-do-samba", desceu da pressa automotiva e parou pra dançar, o vão do museu trepidou, a laje que abriga restaurante e obras de arte no subsolo ameaçou desabar, o show teve de ser interrompido por motivos de segurança e Daniela virou destaque no noticiário. Bombou. Entrou assim para a história da música popular.

Pegou de surpresa muita gente no meio cultural. Pouco tempo antes, a cantora tinha feito uma apresentação para seletos convidados na extinta e antológica casa de shows Aeroanta, no largo da Batata, também em São Paulo, por onde passaram, entre outros, Cássia Eller, Cazuza, Marisa Monte e Ed Motta. Daniela vinha fazendo relativo sucesso com "Swing da cor", *hit* de seu primeiro álbum solo, lançado pela pequena gravadora Eldorado, que promoveu o evento no Aeroanta. Quem esteve ali sentiu que ela daria mesmo o que falar, ainda que o show fosse só uma lufada perto do fluxo piroclástico que baixaria na Paulista.

O evento foi apenas um prenúncio do que viria a acontecer com o lançamento do segundo álbum solo da cantora, *O canto da cidade* (produzido por Liminha, já por uma gravadora multinacional, a Sony), cuja história o jornalista, radialista e produtor baiano Luciano Matos conta com apuro, farto material de pesquisa e memória crítica, avivada em diversas entrevistas importantes. São músicos, compositores, arranjadores, produtores, cantoras e cantores, protagonistas e coadjuvantes da cena baiana, que não apenas realizaram o disco, mas traçaram o caminho percorrido por Daniela, e o legado que ela deixou para além das fronteiras baianas e daquele povo "a mais de mil".

As micaretas começaram a pipocar Brasil afora a partir da consagração da mistura que passou a ser conhecida como axé music. A receita sonora que Daniela experimentou no álbum de 1992 – na contracorrente da onda acústica que se configurava e do esgotamento de fórmulas de músicas para carnaval de rua – abriu comportas, injetou ânimo no mercado de discos (ainda estável na época), vendendo mais de 2 milhões de exemplares, influenciou o desempenho dos blocos de Salvador, seja pelas ousadias cênicas ou pela agregação de elementos inovadores no circuito, seja pelos pequenos manifestos políticos infiltrados no canto de alegria da cidade, pronunciando um tipo de linguagem de samba mais pop e multinacionalizado.

Como cravou Vinicius de Moraes, "o samba nasceu lá na Bahia e, se hoje ele é branco na poesia, é negro demais no coração". Mas ele também é "a tristeza que balança", e sente os reflexos do racismo estrutural que a tudo corrompe no Brasil, afetando toda a indústria cultural. Os blocos afro de Salvador – fonte primordial de massivo repertório e base rítmica dos expoentes de maior êxito das fusões alvejadas na embalagem da axé music – também são vítimas da discriminação social na maravilha do cenário. E grande parte do Carnaval baiano se converteu em vitrines de grifes, ostentação de fantasias e máscaras brilhantes costuradas por mãos negras. Daniela não foi a primeira a bater bola na praia mais democrática, mas levou a ginga de quem sobe a ladeira do Curuzu para sambódromos, passarelas e arenas fora da Roma Negra. Com isso, os menos favorecidos tiveram algum ganho.

Essas questões são propostas especialmente no capítulo em que Luciano Matos trata do "embranquecimento do axé", que interferiu até no discurso e na sonoridade de blocos afro como Olodum, Ara Ketu e Ilê Aiyê (manancial de onde Daniela sempre bebeu, especialmente o Ilê). Questões raciais e protestos contra injustiças sociais das letras foram substituídos por versos de amor. "A cor dessa cidade" não era dela, mas do compositor. No batuque cru foi se enxertando um mar de teclados e instrumentos harmônicos para melhor se adaptar ao paladar do público turista disposto e capaz de pagar altas quantias por abadás (os substitutos das mortalhas) para dançar dentro das cordas que circundam os trios elétricos, mantendo distância segura das "pipocas" populares.

O protagonismo da cena mudou de cor – como aconteceu em outra dimensão, com o rock e Elvis Presley – e Daniela, com seu *O canto da cidade*, esteve no olho do furacão –, angariando, contudo, simpatias da real nobreza do axé de pele escura. Nara Leão contrariou a fama de "musa da bossa nova" e subiu o morro para jogar no conforto dos apartamentos da Zona Sul os sambas de Cartola, Nelson Cavaquinho, Zé Ketti. Em trajeto similar, Beth Carvalho tornou-se a grande "madrinha do samba" e também reconheceu o papel de Daniela nesse sentido. "Você devolveu o samba aos pés do Brasil", disse a "madrinha" depois de vê-la em um palco do Rio. Hoje, aquele feito reverbera na musicalidade e na performance de artistas e grupos como Silva, Do Amor, Johnny Hooker, As Bahias e a Cozinha Mineira, MC Tha e Pablo Vittar.

Os êxitos musicais e influências de Daniela Mercury, como se comprova, foram muito além do álbum de 1992, tema deste quarto volume da coleção Discos da Música Brasileira. Cercada de profissionais do alto escalão, como Liminha, Ramiro Musotto, Carlinhos Brown, Letieres Leite, Alfredo Moura e Neguinho do Samba, Daniela faria na sequência outros álbuns consistentes e de expressiva repercussão popular, como *Música de rua* (1994), *Feijão com arroz* (1996), *Sol da liberdade* (2000) e *Carnaval eletrônico* (2004), mas *O canto da cidade* é a mola propulsora de seu sucesso e de todo um cenário que se elevou a partir dali.

Além de contar a história do álbum – tocando, também, em pontos obscuros –, Luciano Matos realiza aqui um robusto documentário sobre o momento de maior visibilidade e popularidade da axé music. Atrás daqueles baianos só não foi quem já estava morto.

Lauro Lisboa Garcia

_1

BALANÇO AO MEIO-DIA

> Um show da cantora Daniela Mercury no vão livre do Museu de Arte de São Paulo (Masp) para 30 mil pessoas encerrou ontem o Projeto Som do Meio-Dia, na avenida Paulista. Segundo a Secretaria da Cultura, a estrutura do prédio e as obras do acervo corriam risco.[1]

Foi assim que o jornal *O Estado de S. Paulo* tratou a histórica apresentação da cantora baiana Daniela Mercury no dia 5 de junho de 1992. Naquela tarde de outono, a multidão dançou e pulou tanto que teria havido risco de se afetar a constituição física do museu.

Aquele não era o primeiro show da cantora fora da Bahia, nem ela era a primeira artista baiana que mostrava na cidade mais populosa do país o que estava acontecendo nas ruas e no Carnaval de Salvador. A apresentação era, porém, um dos marcos que

---

1 "Balanço ao meio-dia", *O Estado de S. Paulo*, 6 jun. 1992, p. 1.

a axé music viveria naquele ano de 1992, além de ser um ponto de virada na carreira da própria cantora.

Daniela já estava com contrato assinado para o primeiro disco com a megacorporação Sony, depois de três álbuns lançados pela pequena Eldorado, dois com sua banda Companhia Clic e seu primeiro álbum solo. Aquele 5 de junho de 1992 indicava que ali não havia apenas mais uma nova cantora da Bahia, mas uma artista com capacidade de alcance muito maior do que Sarajane, Luiz Caldas, Banda Mel ou Banda Reflexu's, todos eles autores de grandes sucessos nacionais.

Nos corredores da Sony, Daniela já causava enorme burburinho. Era tratada como grande aposta da gravadora para estourar nacionalmente e elevar a outro patamar a produção que acontecia no fértil cenário musical da Bahia daquele início dos anos 1990. O primeiro disco pela Eldorado já havia causado bastante barulho, especialmente no Norte-Nordeste, com o enorme sucesso de "Swing da cor", de Luciano Gomes, que unia definitivamente a destreza pop da axé music com a força percussiva do Olodum.

Em O *canto da cidade*, a cantora aprofundou suas pesquisas e apostas, batendo de frente com a própria gravadora, sob a batuta de um experiente e bem-sucedido produtor. Liminha foi o responsável por aparar arestas, alinhavar a rítmica baiana com um tempero pop e transformar aquela sonoridade tão tipicamente baiana em algo mais universal e palatável. Ao mesmo tempo que era uma continuidade da música afropop baiana que já vinha sendo produzida, o disco era uma novidade por reunir e mesclar elementos de forma ainda não vista e com um nível de produção inédito.

Se a música baiana até então era tratada como regional e até "primitiva", se os elementos percussivos originários dos blocos afro eram considerados meros batuques e sons de gueto, se os novos artistas que surgiam vindos da Bahia eram vistos como cafonas, Daniela virava a página e iniciava um novo capítulo naquela história. Com a hecatombe que *O canto da cidade* provocou no *showbiz* nacional, era impossível que a indústria fonográfica brasileira ficasse imune e não mudasse sua expectativa para os sons que vinham da Bahia. Também era inevitável que o próprio mercado musical baiano sofresse os impactos daquele fenômeno. O disco balançou as estruturas e inaugurou uma nova era para aquela música baiana que já vinha ganhando corpo desde os anos 1980.

Na história da axé music e dos ritmos que aquele então novo mercado aglutinava, *O canto da cidade* não foi o disco mais vendido. Tampouco é considerado pela crítica o melhor álbum do gênero, nem mesmo o melhor da própria Daniela. Não foi o primeiro a fazer sucesso e a ultrapassar marcas impressionantes no país. Não foi o que reuniu mais *hits* ou o que o público brasileiro aprendeu a cantar de cabo a rabo. *O canto da cidade*, porém, foi sem dúvida um dos mais importantes álbuns não só da axé music e da produção baiana recente, mas da música brasileira nos últimos trinta anos.

O segundo álbum de Daniela Mercury catapultou a cantora para um nível de fama e sucesso poucas vezes visto na música brasileira. *Hits* nas rádios, milhões de discos vendidos, destaques na imprensa, aparições na TV, comerciais televisivos, centenas de shows, enormes turnês e viagens internacionais em pouco tempo viraram rotina. A cantora se transformou num êxito estrondoso que muitos apostavam que seria efêmero. Assim como muitos afirmavam que a mistura de ritmos que ela apresentava com a axé music seria um acontecimento passageiro, mais um sucesso de verão, como tantos outros antes dela.

Daniela Mercury vinha de uma escola de novos artistas que surgiam em profusão em Salvador, cantando músicas e ritmos com força percussiva e características particulares. Há alguns anos, uma leva de cantores e cantoras se destacava puxando trios elétricos e animando milhares de pessoas nas ruas da capital baiana. Diferentemente de outros artistas que estiveram em evidência em décadas anteriores, como Caetano Veloso e Moraes Moreira, esses novos artistas não apenas participavam e cantavam no Carnaval, eles eram essencialmente ligados à festa o ano inteiro. A novidade teve início em meados dos anos 1980 e começava a tomar conta da festa, reunindo em sua música elementos novos e tradicionais.

O sucesso de Daniela e de O *canto da cidade* foi muito superior ao alcançado por esses artistas. Ninguém tinha chegado ao patamar da cantora, extrapolando os nichos de mercado e bolhas para se tornar um fenômeno nacional, que ocupava todos os espaços. Ela e seu disco impulsionaram definitivamente um mercado (e toda uma produção que vinha sendo engendrada havia muitos anos na Bahia, marcando novos rumos e mudanças na estética de criação).

A partir do sucesso de Daniela, a música produzida na Bahia ganhou novos contornos, o sucesso lhe abriu as portas, mas também delineou um caminho mais comercial para o que vinha a seguir. A axé music se tornou a galinha dos ovos de ouro e todo mundo queria surfar na onda. A indústria fonográfica investiu pesado, os empresários baianos também, todos querendo aproveitar a oportunidade. O mercado passou definitivamente a ditar os rumos da música baiana e se iniciou um processo de mudança, com a origem negra sendo aos poucos deixada de lado. No auge da produção de CDs e com as gravadoras ganhando muito dinheiro, as preocupações estéticas deram lugar ao marketing e ao retorno econômico imediato.

Fora do tradicional eixo Rio-São Paulo, já haviam surgido vários movimentos, ritmos e modas, mas todos com a bênção de empresários e gravadoras das duas maiores cidades do País. Na Bahia, já havia um mercado próprio consolidado, com produtoras, estúdios, empresários, rádios, muitos artistas, e até gravadora com foco naquela musicalidade. O restante do país é que ainda não conhecia bem o que estava acontecendo por lá.

A enorme visibilidade alcançada por Daniela serviu para escancarar de vez o que já era realidade na Bahia. A música pop baiana, que ganhou o apelido de axé music, virava uma realidade nacional, sem que os artistas precisassem sair de lá, como antes acontecera com quase toda a música surgida fora de Rio de Janeiro e São Paulo. Desde o baião de Luiz Gonzaga, Dorival Caymmi, a bossa nova de João Gilberto, a tropicália de Caetano, Gil, Gal e Tom Zé, até os novos nordestinos Alceu, Elba e Zé Ramalho, o pessoal do Ceará, ou mesmo o mangue beat.

Nomes como Luiz Caldas, Sarajane, Reflexu's, Banda Mel, Gerônimo, Margareth Menezes, eram fruto das festas populares de Salvador e também fizeram enorme sucesso antes de Daniela se tornar um fenômeno milionário. Eles já vinham ganhando reverberação nacional, já haviam vendido muitos discos, emplacado *hits*, trilhado as paradas de discos mais vendidos. Já frequentavam as rádios e os programas televisivos como Xou da Xuxa, Globo de Ouro, Hebe Camargo, Perdidos na Noite, entre tantos outros. Nessa época, sem internet ou plataformas de *streaming*, além da TV, as emissoras de rádio eram fundamentais para o sucesso de um artista no mercado musical. Radialistas e programadores eram figuras decisivas na consolidação de um novo nome, e as execuções de músicas nas rádios contribuíam para saber quem alcançaria um público maior. Mesmo rádios locais ou regionais eram imprescindíveis para o negócio e ajudavam a determinar o futuro da carreira de artistas.

Gerônimo foi o primeiro a despontar nacionalmente, a princípio com a inclusão da música "É d'Oxum" (Gerônimo/ Vevé Calazans), cantada pelo grupo MPB-4, na trilha-sonora da minissérie *Tenda dos milagres*, da Rede Globo, baseada na obra homônima de Jorge Amado. Como compositor, teve ainda sucessos cantados por A Cor do Som ("Dentro da minha cabeça") e Diana Pequeno ("Mensageiro da alegria"), e só mais tarde com uma composição interpretada por ele mesmo, "Eu sou negão (macuxi, muita onda)". Além, é claro, de outros de sucessos de impacto mais local, como "Lambada de delícia" (Gerônimo/ Bego), "Jubiabá" (Gerônimo), que viria a se tornar mais conhecida pela gravação dos Paralamas do Sucesso no álbum *Big Bang* (1989), e "Kirika na buçaña" (Gerônimo/ Dito).

No entanto, o primeiro grande sucesso nacional daquela emergente música baiana viria com Luiz Caldas. Nascido em Feira de Santana, ele começou na música ainda criança e logo estava em Salvador, onde trabalhou como instrumentista nos estúdios WR. Em seguida, integrou o Trio Tapajós, com quem lançou um disco, e a banda seminal Acordes Verdes, montada com outros músicos dos estúdios WR.

Sua carreira solo começou em 1981, mas foi com o disco *Magia* (Polygram, 1985) que obteve resultado mais expressivo. Por esse trabalho, ganhou Disco de Ouro, empurrado pelo êxito da suingada "Fricote", que acabou se tornando marco inicial daquela que viria a ser chamada de "axé music". A música abriu espaço nas emissoras de rádio de todo o país para um tipo de música até então restrito ao Nordeste, inaugurando também um novo mercado local e nacional. O disco vendeu mais de 380 mil cópias. Caldas começava a definir uma nova sonoridade, que mesclava ritmos afro-baianos com música caribenha, e começou a atrair a atenção das gravadoras para o que acontecia na Bahia.

O cantor passou a ser figura frequente em programas de TV, em especial no *Cassino do Chacrinha*[2]. Em anos seguintes, voltaria a emplacar nacionalmente muitos outros sucessos, alguns figurando entre as cem canções mais tocadas nas rádios brasileiras, como "Odé e Adão" (Luiz Caldas), em 1988, e "Tieta" (Paulo Debétio/ Boni), em 1989, tendo sido esta última o tema principal da novela de mesmo nome. Além de *Magia*, discos como *Flor cigana* (Polygram, 1986) e *Lá vem o guarda* (Polygram, 1987) mantiveram o cantor e compositor em evidência, principalmente na Bahia, empilhando *hits* em sequência.

Outro nome que despontou naquele período foi o da cantora Sarajane. Nascida em Salvador, desde os 12 anos já cantava, inicialmente gravando *jingles* nos estúdios WR e, logo depois, cantando nos trios elétricos Tapajós e Novos Bárbaros. Em certa ocasião, na cidade de Nazaré das Farinhas, ajudou Chacrinha em uma apresentação e despertou interesse do comunicador. Foi convidada para ir ao programa dele na TV, tornando-se desde então atração recorrente, com dezenas de aparições. Em 1986, aos 18 anos, Sarajane lançou o primeiro disco, o mini-LP *Rio de leite* (Coronado/ EMI-Odeon, 1986), que já trazia seus primeiros sucessos, "Cadê meu coco" (Carlinhos Brown) e "Merengue deboche" (Osvaldo/ Missinho). O álbum vendeu 70 mil cópias.

---

2 O *Cassino do Chacrinha* foi um programa de auditório de grande sucesso popular, que recebia atrações de gêneros musicais diversos e era exibido pela Rede Globo.

No ano seguinte, já contratada pela EMI-Odeon, lançou *História do Brasil*, que ganhou Disco de Platina duplo, com mais de 600 mil cópias vendidas. As vendas foram embaladas principalmente pelo enorme sucesso de "A roda" (Sarajane/ Robson de Jesus/ Alfredo Moura), que tornou a cantora mais conhecida nacionalmente, com presença assídua em programas televisivos, inclusive com participação em telenovela e execuções em rádios de todo o país. Ela ainda ganharia Disco de Ouro nos dois anos seguintes, por *Sarajane* (EMI, 1988), com 280 mil cópias, e *Sotaque brasileiro* (EMI-Odeon, 1989), com 150 mil cópias vendidas. O sucesso e a visibilidade a levaram até a realizar um ensaio de capa na revista *Playboy*, em 1990.

Despontou, também, daquela movimentação na Bahia, a Banda Reflexu's. Formada em 1986, rapidamente conquistou enorme sucesso, sendo premiada com cinco Discos de Ouro, três de Platina duplos e um de Diamante. Vendeu entre 1 milhão e 3,5 milhões de cópias[3]. O sucesso começou logo no primeiro disco, *Reflexu's da Mãe África* (EMI-Odeon, 1987), que obteve gigantesca popularidade, ocupando a 14ª posição entre os discos mais vendidos no Brasil em 1988 (dados do Nopem). A vendagem do álbum foi puxada por uma sequência de *hits*: "Alfabeto do negão" (Ythamar Tropicália/ Rey Zulu), "Madagascar Olodum" (Rey Zulu), "Canto para o Senegal" (Ythamar Tropicália/ Valmir Brito), entre outros.

Pela primeira vez, estourava nacionalmente um trabalho da nova música da Bahia que tratava diretamente de negritude, da história e da cultura afro-brasileiras, fazendo referências à África e incluindo músicas originárias de blocos afro. A Reflexu's teve presença constante em programas como o Globo de Ouro, na Rede Globo, e nas paradas de discos

---

3 As fontes divergem com relação a esse número.

mais vendidos, ao lado de álbuns de Xuxa, Legião Urbana e Lulu Santos. Foram mais de 800 mil discos vendidos, 140 mil só no mês de julho de 1988, permanecendo por vinte semanas entres os três mais vendidos do país, e 22 semanas entre os dez.

Os álbuns seguintes não alcançaram o mesmo patamar de vendas, mas *Serpente negra* (EMI-Odeon, 1987) chegou a ultrapassar as 200 mil cópias. Se não obtiveram o mesmo sucesso nacional, *Serpente negra* e *Kabiêssele* (EMI-Odeon, 1989) mantiveram a banda bastante popular na Bahia com alguns *hits*. A Reflexu's ainda chegou a ter uma curta carreira internacional, gravando em países como Venezuela, Canadá e França.

Outro fenômeno da época foi a Banda Mel, que teve uma longevidade muito maior que a Reflexu's, mantendo-se na ativa por muitos anos. Formada em Salvador, em 1984, tinha à frente, na primeira formação, os cantores Buk Jones, Janete Dantas e Jaciara Dantas. A banda obteve enorme sucesso já em seu primeiro disco. *Força interior* (Continental, 1987), que reunia os *hits* "Faraó (Divindade do Egito)" (Luciano Gomes), "África do Sul" (Walter Farias Braga/ Buk Jones) e "Ladeira do Pelô" (Betão), vendeu mais de 260 mil cópias, ocupando a 23ª posição entre os discos mais vendidos no Brasil em 1988 (dados do Nopem).

O grupo ampliava a presença dos blocos afro, especialmente o Olodum, não apenas inserindo composições originárias das quadras do bloco, mas também contando com sua percussão em duas faixas do disco. No ano seguinte, a banda lançou *E lá vou eu* (Continental, 1988), emplacando outra série de sucessos, como "Protesto Olodum (E lá vou eu)" (Tatau), "Bagdá" (Tatau/ Paulo Moçambique) e "Guerrilheiros da Jamaica" (Ythamar Tropicália/ Roque Carvalho), e repetindo o feito do disco anterior, com Disco de Ouro e Platina e mais de 250 mil cópias vendidas, além de manter as referências aos blocos afro.

Reformulada, com um novo trio à frente – agora Márcia Short, Nonato e Alobened –, a banda lançou *Mel do Brasil* (Continental, 1989), sem repetir o mesmo resultado, mas emplacando o *hit* "Ginga e expressão" (Tonho Matéria). Já com Robson Morais no lugar de Nonato, a banda alcançou seu maior êxito, com o álbum *Prefixo de verão* (Continental, 1990). Conquistaram mais uma vez Disco de Ouro e de Disco de Platina, embalados especialmente pela música que intitulava o álbum, de Beto Silva, e "Le fudez vouz" (Dito), que mostra o mergulho que a banda dava na lambada, sucesso na época.

No ano seguinte, repetiram o feito e chegaram a 300 mil cópias vendidas com *Negra* (Continental, 1991), que trazia outro *hit*, "Baianidade nagô" (Evany), além de "Crença e fé" (Beto Jamaica/Ademário) e "Conversa fiada" (Marinho Assis). Foram muitos outros discos na sequência, totalizando 16 álbuns lançados, além de duas coletâneas na Ásia, batendo a marca total de 3 milhões de cópias vendidas e apresentações por 45 países pelo mundo.

Na década de 1980, vários outros grupos surgiram e alcançaram sucesso na Bahia, de forma expressiva ou mais tímida, alguns rompendo as fronteiras do seu estado. A já experiente banda Chiclete com Banana, por exemplo, que estava na estrada desde 1981, atingiu com o álbum *Gritos de guerra* (Continental, 1986) a marca de 800 mil cópias, levando o grupo várias vezes ao programa do Chacrinha. Na sequência, gravaram dezenas de discos e venderam milhões de cópias. As bandas Beijo e Asa de Águia também surgiram naquele período, obtendo bastante sucesso nacional, mas especialmente na Bahia, assim como o já citado cantor e compositor Gerônimo e Lazzo Matumbi, que emplacou "Me abraça e me beija" (Lazzo

Matumbi/ Gileno Félix) e "Do jeito que seu nego gosta" (Zelito Miranda/ Lazzo Matumbi).

Daquele universo de artistas, quem primeiro trilhou uma carreira internacional foi a cantora Margareth Menezes. Nascida em Salvador, iniciou sua trajetória artística em 1980 como atriz e, apenas alguns anos depois, em 1986, passou a se dedicar à música, apresentando-se em bares de Salvador. Participou de blocos de carnaval e de diversos projetos, até receber, em 1987, um convite do cantor Djalma Oliveira que mudou os rumos de sua carreira. Com ele, Margareth gravou o *single* "Faraó (Divindade do Egito)", considerada a primeira gravação de um samba-reggae, que vendeu mais de 100 mil cópias.

Com o sucesso, atraiu os olhares da gravadora Polygram-Polydor (atual Universal), que lançou, em novembro de 1988, seu primeiro álbum, *Margareth Menezes*. O disco reunia alguns dos *hits* marcantes da carreira da cantora, como "Uma história de Ifá (Elegibô)" (Ythamar Tropicália/ Rey Zulu) e "Alegria da cidade" (Lazzo Matumbi/ Jorge Portugal), além de composições de Luiz Caldas, Edil Pacheco e Paulo César Pinheiro, Geraldo Azevedo e Capinan. O disco e a respectiva turnê renderam à cantora dois troféus Imprensa, de "melhor disco" e "melhor cantora".

Em 1989, lançou o segundo álbum, *Um canto pra subir* (Polygram, 1989), que reunia outros de seus sucessos, como "Marmelada (Bas moin laia)" (G. Decimmus/ vers. Vilator Valakiá) e "Ifá (Um canto pra subir)" (Vevé Calasans/ Walter Queiroz), além de uma versão de "Negra melodia" (Jards Macalé/ Waly Salomão) e composições de Carlinhos Brown, Gerônimo, Roberto Mendes e Jorge Portugal. Em meio a shows e discos, participou de um projeto ao lado de Gilberto Gil, Dominguinhos e Milton Nascimento.

Margareth seguiu carreira internacional, com apresentações nos Estados Unidos, México e países da América do Sul, e arrancou elogios da crítica especializada. Em 1989, foi convidada para abrir os shows de David Byrne, líder do grupo Talking Heads, em turnê mundial por 42 países. No mesmo ano, ainda fez parte da trilha sonora do filme *Orquídea selvagem*, do diretor norte-americano Zalman King. A sonoridade de sua música ganhava os contornos que a marcaram durante a carreira, um afropop com influência forte de samba-reggae e dos sons dos blocos afro, MPB, ijexá, reggae, funk e samba.

Com a consolidação da carreira no exterior, a gravadora inglesa Polydor Records contratou a cantora e lançou *Elegibô* (Polygram/Island, 1990), álbum que reuniu as principais canções dos primeiros discos. Lançado também pela Mango nos Estados Unidos e no Japão, o trabalho foi um sucesso, mantendo-se em primeiro lugar na Billboard World Albums nos Estados Unidos por cinco semanas. No total, foram onze semanas entre os primeiros colocados, além de ter sido eleito pela revista *Rolling Stone* um dos cinco melhores álbuns da "world music" em todo o mundo.

O álbum *Kindala* (Polygram/ Mango, 1991) a projetou ainda mais no mercado internacional. O trabalho também alcançou as paradas da Billboard, ficando por lá durante dez semanas seguidas, chegando a assumir a segunda posição. Aclamado pela crítica e com 10 mil cópias vendidas apenas na França, o disco recebeu indicação a "melhor álbum de 'world music'" no Grammy norte-americano.

Kindala mantinha o teor afropop proposto por Margareth, reunindo canções de Lazzo, Gerônimo, Carlinhos Brown, além de versões de canções consagradas. Entre elas, sucessos da música brasileira, como "Fé cega, faca amolada" (Milton

Nascimento/ Ronaldo Bastos) e "Mosca na sopa" (Raul Seixas). Trazia também uma versão de Jimmy Cliff para "Me abraça e me beija" (Lazzo Matumbi/ Gileno Félix), a regravação de "Negrume da noite" (Paulinho do Reco/ Cuiuba), registrada originalmente pelo Ilê Aiyê, e um "*Pot-pourri* samba-reggae", com vários sucessos do Carnaval soteropolitano, que mesclava músicas do Olodum, Ara Ketu, Ilê Aiyê e Muzenza.

Margareth Menezes já lançou mais de uma dezena de álbuns de estúdio, além de trabalhos ao vivo e acústicos. É a cantora baiana com a carreira internacional mais sólida, tendo realizado mais de vinte turnês pelo mundo, em especial por Europa e Estados Unidos, com indicações ao Grammy e ao Latin Grammy e lançamento de seus discos em vários países.

Em meio a sucessos internacionais e do rock nacional nas paradas brasileiras, toda aquela nova música baiana ganhava espaço nas rádios e galgava posições entre as faixas mais tocadas. Em geral, os destaques eram artistas e bandas que apresentavam uma sonoridade que relacionava os ritmos surgidos na Bahia com uma verve mais pop. Naquele período, no entanto, um grupo com características diferentes também começou a se destacar dentro e fora da Bahia. Com sonoridade mais crua, de percussão forte, seca e impactante, o seminal Olodum revelava de forma incontestável o que já ganhava força nos guetos e nos bairros populares de Salvador, uma sonoridade que seria crucial para os caminhos que a música baiana tomaria.

Entre meados dos anos 1980 e início dos anos 1990, essa nova música baiana começava sua explosão nacional, batizada como "axé music". Não se tratava de um gênero musical ou de um ritmo, mas de uma movimentação estética, cultural e mercadológica que envolvia diversos profissionais e entidades. Começava a se consolidar também a estrutura empresarial que comandava blocos, rádios, produtores, estúdios e, lógico, os próprios rumos dessa nova indústria. Foi nessa época que Daniela Mercury deu seus primeiros passos na carreira profissional. Quando a cantora surgiu e lançou *O canto da cidade*, a música que vinha sendo feita na Bahia já tinha uma trajetória sólida e um mercado estruturado.

O CLIC

Nascida em 1965, em Salvador, Daniela já cantava desde os 15 anos em bares da cidade, mas foi em 1986 que estreou como uma das vozes femininas do bloco Eva, acompanhando o cantor Marcionílio. Em seguida, atuou como *backing vocal* de Gilberto Gil e, já em 1988, simultaneamente à participação em shows de Gerônimo e Lazzo, formou, com um grupo de instrumentistas, a Companhia Clic. A banda fazia uma espécie de pop-rock-axé, com algumas leves referências à música africana contemporânea, mas ainda sem muita relação com ritmos afro-baianos e, em geral, com letras românticas.

Com a banda, Daniela gravou dois discos, os primeiros da carreira. A estreia, *Companhia Clic – Vol. 1* (Eldorado, 1989), não alcançou vendagem expressiva, mas emplacou dois sucessos nas rádios baianas. "Pega que oh...!" (Rudnei Monteiro/ Edmundo Carôso), o primeiro sucesso cantado por Daniela, e, em menor grau, "Vida ligeira" (Companhia Clic/ Edmundo Carôso), primeira canção em que a artista participa como uma das compositoras, com a Companhia. A música fez um relativo sucesso. O segundo álbum, *Companhia Clic – Vol. 2* (Eldorado, 1990), não apenas emplacou outro *hit* na voz da cantora, "Ilhas das Bananas" (Rudnei Monteiro/ Edmundo Carôso), mas também a estreia dela assinando uma composição com seu nome, "Luxo de beijar" (Rudnei Monteiro/ Daniela Mercury).

Na sequência, devido a discordâncias artísticas, Daniela decidiu deixar a banda e seguir em carreira solo, levando consigo o empresário Jorge Sampaio. Mergulhou mais profundamente na cultura e nas sonoridades ligadas aos blocos afro. Ela conta:

> Comecei a ver o que eu poderia aprender daquilo ali. Os frevos e os galopes já estavam na nossa vida, nas músicas de Moraes. Rolava o rock, estávamos nos anos do rock, então ele foi muito presente. O reggae que Gil trouxe para o Brasil nos anos 1980 também, então a gente já começou a cantar os reggaes e sucessos da MPB. As músicas dançantes de MPB iam pra cima do trio e também era uma coisa que fui aprendendo a fazer. Fui misturando esses elementos.[4]

Para Daniela, o mesmo movimento aconteceu com os compositores de Salvador:

> Eles foram misturando elementos, o samba do Comanche e do Apache [blocos de índio], foi virando outra coisa dentro dos blocos afro nesse mesmo período, anos 1970, 1980. Os cantores da cidade que cantavam em barzinho e que queriam seguir carreira, como eu, começaram a fazer parte e a compor bandas. Bandas de carnaval que eram mais um ambiente de músico profissional. Então esses ambientes foram se misturando.

Mais livre do formato banda e carregando as experiências acumuladas nessa atmosfera de misturas,

---

4 Entrevista ao autor em setembro de 2020.

Daniela iniciou uma trajetória que daria novos rumos àquela música baiana que se expandia cada vez mais. Seu primeiro disco solo, lançado em 1991, serviu como uma prévia de *O canto da cidade*, lançado em 1992, e que alteraria a forma como a música produzida na Bahia, a axé music, seria vista e tratada no Brasil.

2

O MUNDO NEGRO

No Carnaval de 1987, cantando na banda Eva com Marcionílio, Daniela viveu uma espécie de epifania. Foi o ano de um grande marco para a música de Sálvador, que alterou os rumos da produção musical da cidade, inclusive a carreira da cantora.

> A gente estava descendo a ladeira de São Bento[5], quando Marcionílio perguntou se eu já tinha ouvido a música nova do Olodum. Eu não conhecia ainda. Então ele cantou um trecho de "Faraó" e o povo respondeu.

Daniela ficou encantada. "Aquilo foi incrível. Fiquei enlouquecida. Era um samba novo, uma sín-

---
5 Trecho que integra o circuito mais antigo do Carnaval baiano, no centro da cidade, localizado um pouco antes da chegada à tradicional praça Castro Alves.

tese nova. Uma estrutura louca, uma música longa e interessante. Era muito fora da caixinha, muito diferente."

A música de Luciano Gomes havia sido composta em setembro de 1986 para o concurso do Carnaval do Olodum, que desfilaria com o tema "Egito dos faraós" no ano seguinte. Ela logo se tornou um sucesso nos ensaios do bloco, no Pelourinho, e ficou com a primeira posição do concurso. Aos poucos, a música foi caindo no gosto popular, ganhou as festas de largo, foi cantada nos fundos dos ônibus e se tornou um fenômeno espontâneo, sem mesmo precisar tocar em rádio. No Carnaval, já tinha virado um grande sucesso, mesmo com uma letra enorme que falava de um tema e de personagens pouco conhecidos.

Considerado um marco do samba-reggae e o início de uma nova estética na Bahia, "Faraó (Divindade do Egito)" teve a primeira gravação feita por Djalma Oliveira, que convidou Margareth Menezes para cantar com ele. A faixa foi lançada em 1987 em um compacto de 12 polegadas (Epic, 1987). Logo depois, foi gravada também pelo Olodum em seu disco de estreia, *Egito Madagascar* (Continental, 1987). Ainda naquele ano, ganhou versão no primeiro álbum da Banda Mel e tornou-se nacionalmente conhecida.

O sucesso de "Faraó", aliado ao das bandas Reflexu's e Mel, dava visibilidade a um gênero musical novo e desconhecido, que falava do povo negro, da África e de baianidade. Bastante gravado por aquelas bandas em ascensão, o Olodum conseguiu enorme sucesso popular, e com isso abriu espaço para que a música, a dança, as cores e a beleza da população negra conquistassem espaço nas ruas e na mídia como nunca antes. Começaram a atrair os olhos e ouvidos também da classe média e dos turistas estrangeiros que vinham a Salvador.

Naquele momento, os blocos afro conseguiam ganhar um espaço que lhes fora sempre negado.

Em uma sociedade ainda racista, a negritude passou a ser vista de forma positiva, e diversos elementos da cultura afro se popularizaram. A Banda Reflexu's cantou o "Alfabeto do negão" ao mesmo tempo que pedia a libertação de Mandela e falava de Senegal e Madagascar. A Banda Mel lembrava da ladeira do Pelô e dos encantos de Iemanjá e cantava para o Egito e a África do Sul. A banda Novos Bárbaros pedia socorro a Moçambique e bradava que a terra havia tremido com a chegada do Muzenza. Margareth Menezes cantava ao mundo que o negro, apesar de tanto "não" e de tanta marginalidade, era a alegria da cidade. Gerônimo bradava "Eu sou negão! Eu sou negão! Meu coração é a liberdade".

Além das letras, chamava a atenção a sonoridade que vinha dos blocos afro. Inovadora, ela apresentava uma complexidade rítmica formatada através de várias referências e influências. A diversidade do samba, toques de candomblé, reggae, ritmos latinos e as formas específicas de tocar percussão serviram de base para a criação da sonoridade nos blocos. Era algo fora dos padrões tradicionais do samba e da música brasileira em geral, e que durante anos foi sendo gerado pelos blocos afro e afoxés, mas que não era assimilado pelo mercado.

Aquela produção era tratada como uma música pouco evoluída, primitiva, de gueto. A indústria não se interessava por ela, as rádios não a tocavam, as emissoras de TV não mostravam e as gravadoras não lançavam seus discos. Tampouco as empresas se interessavam em patrocinar aqueles blocos. Se o estilo era discriminado até na própria Bahia, fora do estado era tratado como música negra regional, pobre e de baixo valor.

Muito diferente do universo bem-sucedido comercialmente das bandas e artistas da axé music, que buscavam seguir os ditames da indústria da música e do pop mundial, os blocos afro tinham outros princípios e inspirações. Com estruturas enraizadas em bairros populares de Salvador, eles nasceram buscando conquistar espaço para a população negra dentro do Carnaval. Desde seu surgimento, tiveram motivações que iam muito além da música, tornando-se entidades culturais e políticas que promoviam atividades socioeducativas e de formação profissional.

Os principais blocos afro de Salvador nasceram entres os anos 1970 e 1985, em plena ditadura militar, em um cenário de censura e repressão. Influenciados pelos movimentos negros norte-americanos, surgiram com forte posicionamento político contra o preconceito, a discriminação e o racismo, promovendo a conscientização da população negra a respeito de seus direitos e com proposta de estimular a cidadania. Com discurso afirmativo, também buscavam resgatar as tradições e promover a cultura africana em seus desfiles, valorizando a moda afro, com penteados, estampas, vestimentas e adereços. O primeiro grupo a ser criado foi o Ilê Aiyê (1974), seguido por Malê Debalê e Olodum (1979), Ara Ketu (1980) e Muzenza (1981), entre tantos outros.

Eles traziam também propostas diferentes das apresentadas pelos afoxés[6], que desde o século XIX, e com mais força a partir dos anos de 1940, iam às ruas levar a religiosidade negra. Com uma música mais ritualística, embalada pelos toques dos atabaques, agogôs e xequerês, os afoxés são grupos com características mais religiosas e, por isso, voltados para um público mais específico e, ao menos

---

6 Algumas das primeiras manifestações negras a desfilar pelas ruas da Bahia. Com profunda vinculação com expressões religiosas oriundas dos terreiros, os grupos saem em cortejos no Carnaval baiano, entoando praticamente as mesmas melodias dos cultos do candomblé.

inicialmente, desfilavam apenas nos espaços destinados a eles. Eram considerados verdadeiros "candomblés de rua", pois eram criados a partir dos espaços sagrados dos terreiros. O principal deles é o Filhos de Gandhy, fundado em 1949.

Já os blocos afro, desde seu surgimento, tinham uma proposta mais combativa, com foco não apenas na valorização da cultura afro, mas também na quebra da lógica de escanteamento e discriminação da população negra e de sua cultura. Vovô do Ilê, presidente e fundador do Ilê Aiyê, conta:

> O Ilê surgiu com o objetivo de dar um espaço maior para o povo negro brincar o Carnaval. Desde o começo tivemos o cuidado de fazer um estatuto que deixasse bem claro que era uma entidade negra, dirigida por negros e composta por negros.[7]

Ele lembra que inicialmente o bloco se chamaria Poder Negro, em clara referência ao movimento Black Power norte-americano. Devido ao risco de censura e de retaliações pela ditadura militar, o bloco adotou um nome menos contundente, seguindo o conselho de veteranos como a ialorixá Mãe Hilda. Surgiu o Ilê Aiyê, que, na língua iorubá, significa "casa" (ilê) e "terra" (aiyê), ou "a casa dos negros".

O nome não impediu que o bloco sofresse críticas da imprensa e manifestações contrárias nas ruas. Em seu primeiro Carnaval, os 150 integrantes, que portavam adereços, cabelos e cartazes alusivos à negritude, foram recebidos com vaias e olhos atentos da Polícia Federal. Vovô recorda:

---

[7] Entrevista ao autor em agosto de 2020.

Tivemos problema para registrar o estatuto com o pessoal da polícia, porque eles exigiam que para sair no bloco a gente pedisse uma série de documentos aos participantes, inclusive antecedentes criminais. Além disso, nós tínhamos que levar as fichas para a Secretaria de Segurança Pública para eles verem que não tinha ninguém "errado" e, só assim, darem uma carimbada de liberação. Por ser de negros, eles pressupunham que ia sair um monte de marginais. Diziam que a gente queria tomar o poder.

ILÊ AIYÊ

Apesar de tudo isso, a música tema do Ilê naquele ano de estreia se tornou bastante popular. "Que bloco é esse?" (Paulinho Camafeu) acabou sendo gravada anos depois por Gilberto Gil, em seu disco *Refavela* (Philips, 1977), com o título "Ilê Ayê" (sem o "i"), pelo próprio Ilê em seu disco de estreia (Independente, 1984), e pelo grupo carioca O Rappa no álbum *Rappa mundi* (1996), também com o título "Ilê Ayê". A desconfiança foi diminuindo e o bloco seguiu ganhando adeptos (em 1977, já eram mil integrantes) e estimulando a criação de outros blocos, como Mutuê, Malê Debalê, Olodum e Alabê.

Com projeto mais amplo do que apenas a carreira musical, o Ilê Aiyê lançou poucos discos em sua longa trajetória. Além de "Que bloco é esse?", o disco de estreia trazia outros clássicos do grupo, destacando-se "Depois que o Ilê passar" (Miltão), regravada por Caetano Veloso em 1987 e depois por diversos outros artistas. O álbum teve produção de Gilberto Gil e Liminha e estabeleceu o grupo oriundo dos guetos da Liberdade e do Curuzu como nova potência criativa.

Em 1989, o bloco lançou outro álbum, batizado de *Canto negro 2*, desta vez pela gravadora Eldorado. Provavelmente o mais bem-sucedido do grupo, o disco reunia mais uma leva de clássicos, incluindo a emblemática "Ilê de luz" (Carlos Lima "Suka"), com participação de Caetano Veloso, além de "Deusa do ébano" (Geraldo Lima), cantada por Lazzo Matumbi, "Negrume da noite" (Paulinho do Reco/ Cuiuba) e "Canto da cor" (Moisés/ Simão), que contava com a participação de Martinho da Vila. Após um grande período sem discos, foi a vez de *Canto negro 3* (Velas, 1996), lançado no auge da axé music. O disco não estabeleceu novos sucessos de apelo popular, mas "Corpo excitado" (Reizinho) se tornou uma das obrigatórias nos desfiles do bloco e ganhou regravações por outros artistas.

Em 1999, o Ilê Aiyê comemorou o jubileu de prata com o álbum *25 anos* (Natasha, 1999), produzido por Arto Lindsay. Além de uma regravação de "Que bloco é esse?", o disco traz pela primeira vez a gravação do bloco para "O mais belo dos belos (O charme da liberdade)" (Guiguio/ Valter Farias/ Adailton Poesia). Destaque também para "Negrice cristal" (César Maravilha), com participação de Milton Nascimento; "Adeus bye bye" (Guiguio/ Juci Pita/ Chico Santana), com participação de Daúde e conhecida na voz de Ivete Sangalo em gravação com a Banda Eva, em 1993. De forma irregular, o bloco continuou lançando discos nos anos seguintes, enquanto mantinha seus desfiles carnavalescos, festas e atividades socioculturais.

OLODUM

Surgido em 1979 como o bloco afro de carnaval dos moradores do Maciel-Pelourinho, em poucos anos o Olodum cresceu e se tornou também um projeto social. Na música, inicialmente se apresentava apenas com voz e percussão, inserindo instrumentos harmônicos com o passar dos anos. Somente após sete Carnavais o Olodum estreou em disco, com *Egito Madagascar* (Continental, 1987), que tinha como base músicas referentes ao tema da festa daquele ano, "O Egito dos faraós".

O álbum reunia algumas das músicas que marcaram a trajetória do grupo, como "Madagascar Olodum" (Rey Zulu), regravada pela Reflexu's, "Salvador não inerte" (Bobôco/ Beto Jamaica), gravada pela banda Laranja Mecânica, "Ladeira do Pelô" (Betão) e "Faraó (Divindade do Egito)" (Luciano Gomes), ambas registradas pela Banda Mel. Esta última música se tornou um enorme sucesso nas rádios e no Carnaval baiano. O Olodum apresentava ali sua percussão complexa e marcada de modo cíclico, acompanhada por um vocal expressivo e diferente, que se alternava entre o líder e o acompanhamento de um coro. Foi um marco na história do grupo, dos blocos afro e do próprio Carnaval baiano.

Em seguida, vieram *Núbia Axum Etiópia* (Continental, 1988), que incluía "Protesto do Olodum (E lá vou eu)" (Tatau), que também se tornou *hit* com a Banda Mel. *Do deserto do Saara ao Nordeste brasileiro* (Continental, 1989) trazia "Revolta Olodum" (José Olissan/ Domingos Sergio), também regravada pela Banda Mel e, alguns anos depois, por Gal Costa. *Da Atlântida à Bahia... O mar é o caminho* (Continental, 1991) vinha com os *hits* "Jeito faceiro" (Jauperi/ Pierre Onassis) e "Canto ao pescador" (Jauperi/ Pierre Onassis), que ganhou versão da banda Cheiro de Amor.

Ainda mantendo a temática e a sonoridade próximas ao que fazia na origem, o grupo ia conquistando espaço e algum sucesso, mas muito aquém de outros nomes da música produzida na Bahia no período. As músicas do bloco alimentavam o repertório de outros artistas, mas o Olodum não tinha a mesma presença nas rádios, nem espaço na mídia. A situação só mudou quando a banda decidiu alterar sua sonoridade, inserir mais instrumentos e elementos da música pop e apostar em letras de apelo mais abrangente.

O disco *Música do Olodum* (Continental, 1992) foi um marco nesse novo momento, emplacando sucessivos *hits*, como "Berimbau" (Pierre Onassis/ Germano Meneghel/ Marquinhos), "Nossa gente (Avisa lá)" (Roque Carvalho) e "Deusa do amor" (Adailton Poesia/ Valter Farias). Nesse álbum, o grupo suavizou a percussão e injetou instrumentos harmônicos, teclados, guitarra, baixo e sopros. O disco seguinte, *O movimento* (Warner Music, 1993), já por uma *major* multinacional, escancarou ainda mais a tendência, com os sucessos "Requebra" (Pierre Onassis/ Nego), "Rosa" (Pierre Onassis) e "Alegria geral" (Alberto Pita/ Moço Pop/ Ythamar Tropicália). Com o álbum, o Olodum marcou presença nas paradas de mais vendidos e conquistou seu primeiro Disco de Platina, com 300 mil cópias vendidas.

O bloco serviu de inspiração para diversas canções na história da música baiana e brasileira, além de ter sido berço de compositores como Rey Zulu, Beto Jamaica, Tatau, Pierre Onassis, Jauperi, que depois seguiram carreiras próprias. Diversas músicas do grupo chegaram a ser regravadas pelas bandas Mel, Reflexu's, Cheiro de Amor, e também por nomes famosos da música brasileira, como Gal Costa, Leci Brandão, Virgínia Rodrigues, a própria Daniela Mercury, Moreno Veloso, Caetano Veloso e Gilberto Gil.

O Olodum também ganhou visibilidade internacionalmente. O cantor e compositor norte-americano Paul Simon, por exemplo, esteve em Salvador para gravar com a percussão do grupo a faixa "The

Obvious Child", presente no álbum *The Rhythm of the Saints* (Warner, 1990). Acabou levando o grupo para apresentações nos Estados Unidos. Anos depois, em 1996, foi a vez de Michael Jackson ir ao Pelourinho para gravar o videoclipe de "They Don't Care about Us", com direção de Spike Lee. O Olodum gravou ainda com outros músicos consagrados nacional e internacionalmente, como Caetano Veloso, Wayne Shorter, Herbie Hancock e Jimmy Cliff.

MALÊ DEBALÊ, ARA KETU E MUZENZA

Ao lado do Ilê Aiyê e Olodum, surgiram diversos outros blocos que exaltavam a cultura negra e os ritmos afro-baianos. Três deles, Malê Debalê, Ara Ketu e Muzenza, se tornaram populares, tanto por seus desfiles e músicas como por integrar o repertório de bandas da axé music. Fundado no bairro de Itapuã, o Malê sempre teve como marcas sua ala de dançarinos, chegando a reunir 2 mil deles, divididos em 19 alas em um mesmo desfile, além de uma discografia enxuta.

Só em 1997 o bloco lançou seu primeiro álbum, *Negros sudaneses*, que trazia o sucesso "Coração rastafari" (Djalma Luz), já gravado em 1985 em discos de Lazzo Matumbi e Zezé Motta. Também trazia músicas de compositores que trafegavam naquele ambiente dos blocos afro e da axé music, como Genivaldo Evangelista, autor, ao lado de Rey Zulu, de "Batuque (Tá no batuque)"; Djalma Luz, que teve músicas gravadas pelas bandas Reflexu's e Cheiro de Amor; e Tenga Menezes, que já havia sido gravado pelo Muzenza. Os álbuns seguintes foram *Malê fantástico*, de 2002; *Malê afro beat*, lançado em 2004, e *Quilombos urbanos*, de 2006.

Fundado em 1980 no Subúrbio Ferroviário de Salvador, o Ara Ketu é o exemplo mais evidente da mudança que os blocos afro sofreram com o sucesso da axé music na década de 1990. Analisando a extensa discografia do Ara Ketu, com 16 álbuns, percebe-se como o grupo começou com características similares às dos outros blocos afro, com sonoridade marcada pela percussão, pelos cantos de "pergunta e resposta" e pelas letras que tratavam de negritude, orixás e referências afros, e, com o tempo, passou a incorporar instrumentos de sopro, bateria e teclado, suavizando a percussão, focando em letras de apelo mais pop e em um estilo mais comum.

O disco de estreia, *Ara Ketu* (Continental, 1987), apresentava algumas das principais músicas da fase mais crua, como "Uma história de Ifá" (Ythamar Tropicália/ Rey Zulu), regravada posteriormente por Margareth Menezes, e "Deus do fogo e da justiça" (Carlinhos Brown), que ganhou versões da banda Laranja Mecânica e Leci Brandão, entre outros. O álbum seguinte, *Contos de Benin* (Continental, 1988), manteve a sonoridade percussiva e as temáticas das letras.

A partir do álbum *Ara Ketu* (Seven Gates, 1992), o grupo absorveu influência da música pop, inserindo elementos harmônicos, com direito a regravação de "Óculos", dos Paralamas do Sucesso. Ainda estavam presentes, porém, a dose rítmica e as letras que tratam de negritude, racismo e orixás. A transformação segue nos discos seguintes, até o grupo obter enorme sucesso nacional, ganhando Disco de Platina com *Dividindo a alegria* (Sony, 1996), e de Diamante com *Ara Ketu ao vivo* (Sony, 1998), que vendeu mais de 2 milhões de cópias. Como bloco afro, o Ara Ketu também foi perdendo a essência, deixando de desfilar com dançarinos e percussão e se transformando completamente. Em alguns anos, nem sequer desfilou.

Assim como o Ilê, o Muzenza também era do bairro da Liberdade, mas surgiu para prestar um tributo ao astro jamaicano do reggae Bob Marley. Como o ritmo estava em evidência no período de sua fundação, o bloco ganhou rapidamente adeptos entre os jovens. Já no primeiro Carnaval, saiu com 4 mil integrantes. Foram quatro discos na carreira, com o primeiro sendo lançado em 1988. *Muzenza do reggae* (Continental, 1988) foi o mais importante, reunindo algumas das músicas mais celebradas do bloco. Entre elas estão "Guerrilheiros da Jamaica (Rumpile)" (Roque Carvalho/ Ytthamar Tropicália), gravada também pela Banda Mel; "Brilho de beleza" (Nego Tenga), que ganhou versões de Gerônimo, Margareth Menezes e Gal Costa; e "A Terra tremeu" (Sacramento), sucesso com a banda Novos Bárbaros e regravada por Maria Bethânia.

Os discos seguintes, *Som luxuoso* (Continental, 1989), *A Liberdade é aqui* (Atração, 1996) e *Chegou quem faltava* (EMI Music, 1998), traziam faixas de compositores ligados ao bloco e de nomes mais conhecidos, como Rey Zulu e Beto Jamaica, além de algumas regravações. Os dois mais recentes, com características bem diferentes, são menos focados em percussão e letras politizadas, e trazem sonoridades mais próximas do pop, do axé e do pagode, contando com a inserção de elementos harmônicos. Em 2004, o bloco lançou ainda *Muzenza apresenta Vick*, registro ao vivo que, como o título indica, anunciava uma nova cantora na banda. O trabalho reunia os sucessos do grupo e de outros artistas, como "Aprendendo a jogar" (Guilherme Arantes), gravado por Elis Regina, "Cometa mambembe" (Carlos Pitta/ Edmundo Carôso), "Swing da cor" (Luciano Gomes) e "Rosa negra" (Jorge Xaréu), estas duas últimas gravadas por Daniela Mercury.

UMA BRANCA NO ILÊ

Daniela Mercury não era daquele ambiente dos blocos afro, não vivia naquele contexto, era branca, de classe média e moradora do bairro de Brotas. Mas, apesar de não se enquadrar no perfil de público que frequentava os blocos, teve contato com a cultura afro-baiana desde a infância. Aos poucos, durante sua trajetória, a musicalidade afro foi sendo incorporada e a relação com aquela cultura foi se desenvolvendo a partir de afetos e experiências. "Sempre me identifiquei demais com tudo que era brasileiro e baiano desde menina, até como bailarina", conta a cantora.

Quando criança, ela começou a estudar na escola dança afro misturada com dança moderna. "Minha professora de dança, Ângela Dantas, trouxe essa linguagem afro, o samba de roda. Ela sempre fazia atividades na escola e uma vez levou o professor King, de dança afro, que me ensinou muito também." Falecido em 2018, Raimundo Bispo dos Santos, o Mestre King, foi pioneiro da dança afro na Bahia e no Brasil. Daniela foi uma das que seguiram os ensinamentos do professor. "Eu dançava todas as danças de santo com oito anos de idade, com nove eu comecei a cantar yorubá também."

A cantora lembra também que outro fator que a aproximou do universo musical baiano foi a banda marcial que ensaiava horas seguidas para as paradas do Dois de Julho (data de Independência da Bahia, ocorrida em 1823) e de Sete de Setembro em frente à sua casa, em Brotas. "Acredito que ali criei esse afeto pela banda marcial, pela sonoridade dos instrumentos, porque me emocionava demais."

Com 19 anos, foi morar com a avó no centro da cidade, no largo Dois de Julho, e ingressou na universidade, que ficava no Terreiro de Jesus, no coração do Pelourinho, bem perto da Liberdade.

Ampliou ainda mais a relação com a música percussiva e com a sonoridade dos blocos.

> Eu já adorava o Ilê, mas a gente ficava sabendo e ouvindo as coisas pelas beiradas, porque essa música não tocava nas rádios. Quem conhecia eram os meus amigos da Liberdade, meus colegas de dança afro e minha professora.

Foram essas pessoas que apresentaram aquela linguagem do Ilê, do Olodum e dos blocos afro para Daniela. "Não tocava na rádio, mas eu ouvia quando tocava no Carnaval ou quando alguém tinha registrado isso de alguma forma", conta. "Comecei a ouvir os blocos afro porque era natural daquele meu ambiente ouvir esse tipo de música."

Além de fazer dança, Daniela também estudava teatro, ao mesmo tempo que recebia diversas influências musicais, como a MPB mais consagrada, a música nordestina e as sonoridades pop da época, como soul music e funk americano. "Até porque era o que tocava nas rádios naquele final dos anos 1970." Em casa, por influência do pai, ouvia também muito jazz: Sarah Vaughan, Billie Holiday, Ella Fitzgerald e outras cantoras.

Após uma experiência como integrante de um coral de igreja, e munida desse universo amplo de influências, começou a se apresentar como cantora em barzinhos da cidade. "Na noite eu cantava tudo de MPB, muita coisa de Chico, Gil, Caetano, Elis, João Bosco, Vinicius, Toquinho, muito samba-afro, bossa e algumas coisas nordestinas também, como Geraldo Azevedo." Aquela musicalidade, com repertório mais sério e denso, era o que mais estimulava a ainda jovem artista.

> As pessoas pediam músicas mais pop e eu não gostava de cantar. Dava um jeito de driblar, dizia

que não sabia a letra e não cantava. Meu repertório era "Atrás da porta", "Águas de março", "Marambaia", "Cobra criada", de João Bosco, "Pedaço de mim". Fui criando um público meu no barzinho fazendo isso.

Logo ela foi convidada para cantar e dançar em bandas de trios elétricos. Com isso, iniciou um caminho na música de carnaval baiana. Quando montou a Companhia Clic, pensava na banda como um laboratório, queria fazer algo diferente, testar fusões. A banda já trazia alguns elementos sutis de música africana. A partir do Carnaval de 1987 e do sucesso de "Faraó", Daniela, como muita gente, percebeu que algo especial acontecia em Salvador, particularmente nos blocos afro. "Quando vi o Olodum com aquele texto fortíssimo e o samba, aquela batida forte percussiva linda, sambada... Eu disse 'é isso que eu quero fazer'."

Um dos elementos que despertavam o interesse de Daniela era a estrutura das músicas, aquele novo formato de fazer samba, muito diferente dos que ela já dominava, samba-jazz, samba-rock, bossa nova ou mesmo o samba mais tradicional. "Fiquei enlouquecida por aquilo, um samba novo, uma síntese nova." Era realmente diferente, o samba-reggae e o samba-afro promoviam a união de ritmos de origem essencialmente negra, bastante populares em Salvador, o samba duro com ijexá ou com o reggae jamaicano. A sonoridade tinha ligação direta com os terreiros de candomblé, de onde herdaram a base percussiva, com uso de atabaques, e a forma de cantar. A técnica de "pergunta e resposta" era proveniente dos rituais sacros, em que um solista puxa a pergunta e um coro responde. "Quando vi aqueles meninos fazerem as divisões, aquelas músicas de pergunta e resposta... Aquilo não existia, era novo."

A cantora lembra que foi atraída também pela incrível liberdade que os compositores dos festivais dos blocos afro tinham na construção daquelas músicas:

> Vi que aquela música tinha uma divisão diferente, tinha outro jeito de cantar. Era algo fresco, muito novo, incomum. Era preciso aprender e dominar aquilo. Comecei a pesquisar mais sobre as músicas, achei muito interessantes, densas, fortes, políticas, e vi que elas eram feitas em outro andamento.

Outro fator que aproximou Daniela da música dos blocos afro foi a essência política. A relação entre ritmo e letra buscava a afirmação da cultura negra. As letras apresentavam um discurso que ilustrava a luta por um maior espaço para a população negra, totalmente em acordo com movimentos como o Black Power, nos Estados Unidos.

Daniela estava em sintonia com aquilo, para ela a arte era uma forma de solucionar as questões da sociedade. "Aprendi com a geração anterior que a arte sempre teve um poder político muito grande. Então eu queria usar esse poder de transformação." Filha de uma assistente social, Liliana Mercuri, a cantora se diz sensível desde muito jovem à difícil realidade do país. "Aqui em casa, a gente sempre teve muita consciência política e social e eu sempre sofri muito pelas questões que afetam a gente como povo."

As novidades rítmicas, a força percussiva, as letras críticas e a junção de tudo isso como um ato político e cultural fizeram Daniela mergulhar de vez naquele ambiente. Antes mesmo de gravar seu primeiro disco, ela começou não apenas a frequentar mais assiduamente os blocos e seus ensaios, mas também a participar deles de forma mais ativa.

A relação mais direta com o Ilê Aiyê começou quando Daniela ainda dava os primeiros passos em direção à consolidação da carreira solo. O bloco tinha acabado de gravar um novo disco e se preparava para um lançamento especial no bairro da Liberdade. Vovô, presidente do Ilê, conta que no início ficou desconfiado com a proposta de levar a cantora para cantar com o bloco: "Fiquei com o pé atrás, pois não a conhecia". Pensou que não poderia dar certo, ainda mais naquelas circunstâncias – era o lançamento do novo disco do bloco. "Uma menina branca em um lançamento do Ilê. Estava a maior expectativa na Liberdade, se ela não mandasse bem não sei o que poderia acontecer." Ele acabou concordando e Daniela começou ali uma aproximação que renderia muitos frutos com "O mais belo dos belos".

Daniela conta que, quando chegou ao lançamento, em um palco montado na rua principal na Liberdade, encontrou Vovô e pediu para cantar. Disse que seria um sonho, mas o presidente do bloco continuava receoso. "Ele me disse que ninguém conseguia cantar com aquela percussão toda, que era muito difícil e que só a turma do bloco afro conseguia." Decidida, a cantora insistiu e fez uma participação, cantando sambas e clássicos da música brasileira. Tudo correu tão bem que a cantora foi convidada para cantar na Noite da Beleza Negra, uma das principais festas do bloco. O desafio, porém, seria muito maior.

O Ilê e Daniela estavam na mesma gravadora, a Eldorado, e existia um acordo de contrapartida: um deveria cantar nos shows de lançamento do outro. Foi acordado que a cantora faria o show de abertura na Noite da Beleza Negra, considerado o maior concurso de beleza e exaltação da mulher negra no Brasil, no qual se elegia a Deusa do Ébano (Rainha do Ilê). É o ápice dos eventos promovidos pelo bloco fora do Carnaval.

Arany Santana, então diretora do Ilê Aiyê, era a produtora responsável pela festa. Ela lembra que ficou muito receosa com a ideia de uma cantora branca novata cantando:

> Foi motivo de reunião na diretoria, com muita gente preocupada. Não se tratava de rejeição a ela ou de preconceito racial, mas de uma preocupação com a reação do público. Seria histórico, pela primeira vez uma cantora não negra subiria no palco da Beleza Negra, a festa maior da negritude.[8]

Na época, o bloco não tinha sede própria e realizava seus eventos nas áreas abertas de clubes sociais de Salvador. A festa em questão aconteceu no Clube de Regatas Itapagipe, na Cidade Baixa, bastante popular na época. Responsável pela programação e pelo roteiro da festa, Arany ficou incumbida de falar com Daniela.

> Liguei e perguntei se ela iria com os músicos, porque o palco tinha uma estrutura de passarela e tinha que estar mais vazio, a banda ficava no chão. Ela falou que não, que ia cantar com a banda do Ilê Aiyê. Tomei um susto.

Incrédula, continuou as perguntas. Quantas músicas você vai cantar com a banda? "Quantas você achar que devo cantar", respondeu a cantora. Vai cantar músicas do Ilê? "Vou." Quais? "Todas." Animada, Daniela concordava com tudo.

> Fiquei assustada com a prontidão dela. Senti naquele momento que a resistência e o preconceito eram meus, mas era uma preocupação,

---

8 Entrevista ao autor em setembro de 2020.

> porque eu era a apresentadora, era quem comandava a plateia, as candidatas, os músicos. A responsabilidade com aquela moça não negra em cima do palco cantando na Noite da Beleza Negra era minha. Eu me perguntava o que ia acontecer, fiquei preocupada. Ficamos todos tensos.

Como produtora responsável, Arany chegou cedo e tomou outro susto quando viu, meia hora depois, Daniela chegando.

> Era supercedo. Falei que tinha um camarim, mas ela nem fez questão e dali a pouco estava do lado de fora, enlouquecida, dançando com as meninas do grupo de dança, já enturmada. Na verdade, ela já frequentava os ensaios e tinha a pegada de quadra. Ela estava ali com a "tinta fraca dela" no meio da "tinta forte" da negrada, mas muito igual. Porque a dança afro faz essa liga automaticamente, ela magricela quebrando até o chão com o ijexá dela, ao lado das meninas.

Receosa com as reações, Arany havia programado propositadamente a apresentação de Daniela para o início da festa.

> Coloquei ela às 22 horas, porque, como eu conhecia o público, sei que era a hora que as pessoas começavam a chegar. Pensei que seria melhor ela se apresentar com a quadra vazia para não levar uma vaia, uma pedrada ou uma agressão qualquer, sei lá.

Com todo mundo ainda tenso e Daniela devidamente apresentada, a cantora começou com um pedido: "Mestre Walter, na um". Walter era o maestro que comandava a percussão do Ilê na época, e prontamente atendeu. Arany lembra:

> O mestre olhou pra ela, apontou o dedão pra cima, apitou, e a banda começou. Isso é linguagem de quadra de bloco afro. Até isso ela assimilou, ela sabia por que queria a "um". Ela ia começar pianinho e começou a puxar as músicas antigas do Ilê Aiyê. Eu, olhando a reação do público, via todo mundo parado, parecia uma fotografia.

Daniela conta que entrou tímida no palco:

> Quando comecei, a turma estava de braço cruzado olhando pra mim, de cara fechada. Eu cantei até a terceira música e ninguém se movia. Olhei pra todo mundo e disse assim: "Oi gente, eu sei que vocês não me conhecem, sou uma artista nova da cidade, mas amo tanto o Ilê desde criança, que é o maior sonho da minha vida estar aqui. Estou fazendo meu primeiro álbum, mas estou muito honrada de cantar aqui no Ilê".

A cantora conhecia todas as músicas do Ilê e tinha se preparado para aquele momento especial. Arany conta:

> Ela mandou uma música por cima da outra, *pot-pourri* em cima de *pot-pourri*, cantou as antigas que mexem com o coração do Ilê Aiyê. As pessoas começaram a descruzar os braços, se desarmando, relaxando. Quando vi, Daniela estava com a roupa colada no corpo de tanto suor e a quadra dançando e cantando com ela. Mestre Walter animado em frente da banda e ela jogando duro.

O resultado não poderia ser melhor:

> Foi um espetáculo a apresentação. Ela mostrou a que veio e por que veio. Mexeu com o coração

do folião. Mostrou que conhecia as músicas, que já era daquele ambiente há muito tempo, dominava os macetes de quadra. Fez miséria com a voz, cantou bonito e encantou a quadra do Ilê Aiyê. Foi ali que ela carimbou pra sempre o passaporte dela como rainha da axé music.

Jorginho Sampaio, empresário e produtor da época, lembra que, depois daquela participação, Vovô disse a ele: "A negada gostou da branquinha. Traga ela outra noite aí". Em outro momento, a iniciativa partiu do próprio Sampaio. Agora, com outro bloco afro. Como diretor do bloco Eva[9] e muito ligado ao Carnaval, ele havia sido convidado para ser jurado do festival do Muzenza. Aproveitou a oportunidade para fazer uma contraproposta ao então presidente do bloco, Janilson Santos, o Barabadá. "Eu queria um grande favor, não me bote como jurado não, bote uma cantora com quem estou começando a trabalhar, bote ela como jurada", disse na época[10].

Proposta aceita, Jorginho e a então ainda desconhecida Daniela Mercury foram juntos ao festival do Muzenza, na Liberdade. A decisão foi crucial para encontrar o primeiro sucesso da cantora. "No festival, ouvimos uma das músicas que concorria, a ainda inédita 'Swing da cor', que nos deixou encantados. Corri, chamei o compositor e falei que queria a música para a Daniela gravar", lembra Sampaio. A composição de Luciano Gomes, o mesmo da clássica "Faraó (Divindade do Egito)", explodiu nas rádios e mostrou que o contato com os blocos afro seria um ótimo caminho para pavimentar a carreira daquela cantora iniciante.

"Não, não me abandone, não me desespere/ Porque eu não posso ficar sem você." Foi com

---

9 Tradicional bloco carnavalesco de Salvador, criado em 1977 por estudantes de um colégio particular de classe média alta.
10 Entrevista ao autor em abril de 2019.

esses versos e acompanhada da forte percussão do Olodum que Daniela Mercury mostrou suas credenciais na carreira solo. Com sua voz segura e uma sonoridade que inseria a potência percussiva dos blocos afro, chamou a atenção como grande novidade da música baiana em 1991. "Swing da cor" foi um sucesso instantâneo, primeiro lugar nas rádios baianas, logo invadindo as emissoras de todo o Nordeste. Na sequência, tornou-se o primeiro *single* de Daniela a chegar ao topo das paradas de sucesso brasileiras.

A música foi composta por Luciano para o bloco Muzenza, mas, na gravação de Daniela, trazia percussionistas do Olodum, sob o comando de Neguinho do Samba, então mestre do bloco afro, que também fez os arranjos da faixa. A sonoridade que apareceu em "Swing da cor" não era tão comum nos artistas do pop axé baiano daquele momento. Os blocos afro já eram cantados e citados, seus compositores eram gravados, mas sua sonoridade essencialmente percussiva, sem elementos harmônicos, era relegada às gravações dos próprios blocos, com poucas exceções. Havia ainda forte preconceito com esses blocos e com a música que produziam.

Vovô do Ilê, presidente do Ilê Aiyê, lembra que, quando começaram a sair às ruas, os integrantes do bloco eram chamados de falsos africanos, de "tocadores de tambor". "Havia muita resistência." Nos anos 1980 a situação parecia mudar, quando grupos como Reflexu's e Banda Mel começaram a gravar as músicas de blocos afro, como Olodum, Ilê Aiyê e Muzenza. "Essas bandas gravavam as músicas dos blocos, faziam muito sucesso com elas, mas nunca foi dado o espaço para o original, para as próprias bandas dos blocos afro." Ele reforça que, mesmo com a banda do Ilê gravando nos estúdios da WR (o mesmo dos grandes artistas baianos do período), as músicas nunca eram executadas nas rádios.

João Jorge, presidente do Olodum, também recorda a forma discriminatória como a música dos blocos afro era vista pela imprensa e pela classe média. "A nossa música era tratada de forma muito preconceituosa, e ainda é. Era considerada uma música de fundo de quintal, sem qualidade, ruim."[11] Para ele, a maior prova disso é o fato de que, enquanto cantoras brancas fizeram muito sucesso, as cantoras negras continuam sem chance de ser destaque. "Isso é uma prova inconteste do racismo estrutural na Bahia." De fato, a produção musical dos blocos afro, calcada na percussão e em letras de cunho sociopolítico e histórico, era vista como "baixa cultura", mesmo diante do axé pop que dominava as rádios baianas.

Daniela, porém, uniu definitivamente aqueles dois universos. Mesclou elementos da cultura pop e da axé music, como teclados e guitarras, com a força e a intensidade da percussão dos blocos afro. Antes dela, o Olodum já havia participado de discos de artistas como Paul Simon, Leci Brandão, Sandra de Sá, Simone. A Banda Mel não só gravou músicas do bloco como também convocou a percussão do Olodum para faixas em seus álbuns. Margareth Menezes e Reflexu's também já haviam gravado músicas do Olodum.

Ainda havia, no entanto, uma distância entre a música de carnaval que tocava nas rádios e era consumida pela classe média nos blocos de trio elétrico e aquela vinda dos bairros e comunidades negras, produzida pelos blocos afro. Daniela não só cantou sobre o Muzenza e o Pelourinho em seu disco de estreia, mas trouxe Neguinho do Samba e dez percussionistas do Olodum para a gravação de "Swing da cor". Foi um estrondo. A música impulsionou o disco *Daniela Mercury* (Eldorado, 1991), que vendeu 500 mil cópias, conquistou Disco de

---

11 Entrevista ao autor em agosto de 2020.

Platina e elevou a cantora a um novo patamar. Com o álbum, ela ganhou ainda o Prêmio Sharp na categoria Revelação Feminina (Regional).

Naquele momento, Daniela já tinha grande envolvimento com os blocos afro, sendo frequentadora assídua das quadras e dos ensaios. Muitas vezes ia acompanhada de Barabadá, presidente do Muzenza, que acabou se tornando uma espécie de cicerone da cantora. Barabadá circulava com ela pelos ensaios de diversos blocos afro, apresentando-lhe a musicalidade deles. O compositor Jorge Xaréu, que também era diretor do Muzenza, lembra que foi Barabadá quem apresentou a riqueza da música do bloco a Daniela. "Ele levou ela para cantar com os percussionistas."[12]

Xaréu lembra que Daniela não apenas cantou a música afro, mas conviveu no bairro da Liberdade com autores, percussionistas e cantores da música dos blocos. "Ela ia ao Muzenza ver os ensaios e buscar músicas para cantar." O próprio Barabadá lembra como a cantora marcava presença. "Todas as vezes que ela ia pro ensaio do Muzenza ela cantava, subia no palco e dava uma canjinha. Quando ela começava a cantar não queria mais largar o microfone", conta[13].

Entre tantos elementos incorporados pela cantora, estão os "be-baps" (ou "bip baps", como alguns preferem), que parecem algo totalmente espontâneo em meio a seu canto, mas na verdade são fruto da experiência adquirida nos ensaios. "Be-baps" são os improvisos que os cantores de blocos afro fazem com a voz para substituir a ausência dos instrumentos harmônicos nos ensaios em meio à percussão e que funcionam como o solo de uma guitarra ou outro instrumento qualquer. Xaréu explica:

---

12 Entrevista ao autor em agosto de 2020.

13 *Idem.*

> Os be-baps entram ali no meio da percussão, como se fossem um solo. São trejeitos de falar do baiano. Pode ser um "lelelê", um "tchê tá". É um floreio sobre a música, enquanto a percussão faz a variação. Como a gente não tinha instrumento de corda, então tinha que ter criatividade.

Ele lembra como Daniela usou bem o artifício:

> Ela fez isso muito bem em "Rosa negra", por exemplo. Ela alterou o modo de cantar e o andamento da música. Aquele "lêlêlê" ela botou do jeito dela, mas ela ouviu muito de Barabadá. Ele era sensacional com isso, tinha uma criatividade espetacular para poder mobilizar o povo durante os ensaios, um monstro.

Segundo Xaréu, cantar nos blocos afro não é algo fácil. Além de conhecer as músicas, o cantor precisa dominar vários macetes e dinâmicas. "Cantar com percussão é o seguinte, você fica de cima do caminhão, o som chega depois, então você tem que estar em sintonia absoluta, e Daniela cantou fácil com a percussão do Muzenza", conta o compositor.

Isso era uma das coisas que mais atraía Jorginho Sampaio. Ele ressalta que, além de já possuir talento e uma voz poderosa, a cantora conseguiu pegar a forma específica da música dos blocos:

> Eu me lembro que a levava a todos os guetos, a todos os blocos afro, e o que me impressionava é que ela ficava olhando a boca do cara cantando. Ela pegou a divisão do samba-reggae, aquela coisa, que não era fácil. O cara preto criado no gueto tinha aquilo de forma natural, mas ela era uma branca de classe média e ela aprendia. Eu não sou músico, não entendia, mas me chamava muito a atenção. O cara cantando e ela olhando o gestual, o labial, o modo, a divisão.

Não era só na sonoridade e nos elementos rítmicos que Daniela mantinha uma relação com a cultura afro e a incorporava a seu trabalho. Para a professora e pesquisadora de dança Jussara Setenta, a cantora inseria elementos rítmicos, mas também de movimentos com influência afro. Jussara, que foi colega de Daniela e, como dançarina, a acompanhou em shows, explica:

> Ela sempre teve um forte componente afro nos trabalhos artísticos e espetáculos. Sempre tinha a força das questões afro e da negritude na dança, levava elementos da cultura do candomblé para dentro dos shows.[14]

Mestre em Artes Cênicas com a dissertação *Corpos musicais: a dança na cena artística de Daniela Mercury*[15], Jussara lembra que a artista começou a lidar com esse tratamento da questão afro e da negritude em *O canto da cidade* e, a partir do disco *Feijão com arroz* (Sony, 1996), aprofundou ainda mais a temática.

> A formação inicial dela foi toda na dança moderna. *O canto da cidade* inteiro, todos os usos de movimentação, de braço, de tronco, de pernas, os giros, o uso de níveis vêm disso. Depois foi se alinhavando com a dança contemporânea e com questões da africanidade e das danças de santo.

Segundo Jussara, ela partiu da dança moderna e foi trabalhando com outros elementos, sempre bastante misturados.

---

14 Entrevista ao autor em setembro de 2020.

15 Jussara Sobreira Setenta, *Corpos musicais: a dança na cena artística de Daniela Mercury*. Dissertação (mestrado em artes cênicas), UFBA, 2002.

> Foi uma perspectiva evolutiva de transformação, da dança moderna para outras questões, em que se envolviam movimentações da dança contemporânea, das danças populares. Um processo evolutivo mesmo no trabalho, de movimentação e de concepção compositiva estética.

Em entrevista à pesquisadora Marilda Santanna[16], o instrumentista, arranjador e diretor musical Gerson Silva, que trabalhou com Daniela, ressalta a inteligência na visão da cantora.

> O que acontece é pegar como ferramenta de conceito, o Ilê Aiyê, por exemplo, é uma coisa de uma artista extremamente inteligente. A clave, o ritmo, a dança, o que surgiu a partir do Ilê Aiyê. O que antigamente já vem do candomblé. Então, você descobrir que aquela manifestação rítmica só existia aqui foi uma grande sacada. E aí você vê que a carreira de Daniela foi se desenvolvendo em cima do bloco afro, das características do Ilê, seja na dança, na música, na poética. O Ilê tem aquela coisa maravilhosa que é o orgulho de ser negro, você defender sua raça. Então, eu acho muito importante, e Daniela sacou isso. Se você for pegar arranjadores mais experientes, com o próprio ritmo do Ilê você faz rock, funk, jazz, tudo. É só você ficar atento à questão rítmica, da clave, então, pra mim a inteligência dela vem daí, somando com tudo o que ela viveu com música e com a dança, que também é importante pra caramba. Mas esta questão do Ilê é uma referência.

---

16 Marilda Santanna, *As donas do canto: o sucesso das estrelas-intérpretes no Carnaval de Salvador*. Salvador: EDUFBA, 2009, p. 193, disponível em <https://repositorio.ufba.br/ri/handle/ufba/186>, acesso em: abr. 2021.

O álbum de estreia de Daniela não tinha a mesma força que teriam os trabalhos seguintes, mas já havia dado indicações de como a artista pensava sua música e sua carreira. Já delineava alguns fundamentos que iriam integrar sua trajetória. Em especial a sonoridade, que mesclava elementos de música pop, rock e reggae com a força percussiva e a inovação rítmica vindas dos blocos afro. Isso aparece mais claramente em "Swing da cor", mas também em "Menino do Pelô" (Saul Barbosa/ Gerônimo), que conta com a percussão do Olodum, sob liderança de Neguinho do Samba. É a percussão que marca o ritmo, dialogando com guitarra, baixo, bateria e teclados, também se destacando na mistura de reggae e samba com percussões de "Todo reggae" (Rey Zulu/ Cabral). Daniela conta:

> No primeiro disco eu já estava pesquisando as músicas. Falei com Neguinho do Samba para a gente tentar pegar aquele som da rua e registrar com a percussão dentro do estúdio. Ele achou impossível. Eu disse que a gente tinha que conseguir fazer. Eu queria juntar o baixo e a guitarra com aquela percussão ao mesmo tempo, porque o maravilhoso era aquele tamborzão, aquele som deles todos tocando juntos.

Sob produção executiva de Jorginho Sampaio, Daniela se cercou de nomes importantes da música baiana (Roberto Mendes, Neguinho do Samba, Luizinho Assis, Carlinhos Brown e Rowney Scott) e de elementos que ajudaram a configurar a sonoridade que marcou sua trajetória. Sua banda, formada por Cesário Leony (baixo), André Santana (teclados), Toni Augusto (guitarra, violão de aço), Ramon Cruz (bateria, percussão) e Beto Resende (percussão), foi outro elemento forjado desde o primeiro disco.

Seria basicamente a mesma que a acompanharia nos discos seguintes.

O padrão de montagem do repertório, equilibrando novos compositores, ícones da música na Bahia e versões de clássicos da música brasileira também permaneceria, neste caso "Geleia geral" (Gilberto Gil/ Torquato Neto). Alguns compositores inclusive voltariam a colaborar em discos posteriores – caso de Herbert Vianna, Carlinhos Brown e Rey Zulu. A parceria com Durval Lelys, que aparece em "Vida é", se repetiria em *O canto da cidade*.

A relação com Ramiro Musotto (1963-2009) também teve início no primeiro disco. Nascido na Argentina, o músico chegou à Bahia em 1984 e teve participação decisiva na história da axé music e na percussão baiana. Pesquisador das batidas dos blocos afro, ele foi crucial no aprimoramento dos estúdios para gravação de ritmos percussivos e na introdução da variação rítmica latino-hispânica no samba-reggae.

Uma das marcas de Ramiro era combinar programações e tecnologia eletrônico-digital com a percussão ancestral afro-baiana. Foi isso que ele incorporou ao som de Daniela. Responsável pelos arranjos e pela programação, além de pandeiro, berimbau, *sampler* e efeitos, Musotto foi fundamental na sonoridade do disco de estreia e da própria carreira de Daniela, acompanhando a cantora nas gravações seguintes.

Outro nome essencial no disco foi Wesley Rangel, fundador do estúdio e gravadora WR. Natural de Iramaia, pequena cidade no sudeste da Chapada Diamantina, Rangel foi responsável por abrir as portas para artistas em Salvador, sendo essencial no surgimento e na consolidação daquele mercado musical baiano que emergia a partir dos anos 1980. Ele produziu e colaborou com nomes como Luiz Caldas, Chiclete com Banana, Ivete Sangalo, Edson

Gomes, Banda Reflexu's, Olodum, Timbalada, É o Tchan, Terra Samba, Companhia do Pagode, Gang do Samba, Ara Ketu, As Meninas e Babado Novo – e abriu as portas para Daniela. Foi em seu estúdio que ela gravou o álbum de estreia, além de ter sido dele a mixagem do trabalho.

Com direção artística de Antonio Duncan, o álbum, lançado pela gravadora independente paulista Eldorado, formatava uma nova sonoridade, mas foi recebido com certa reticência pela crítica. A revista *Bizz*, principal publicação brasileira sobre música no período, assim o descreveu:

> Não se assuste com a capa, pois o álbum de estreia desta cantora baiana não é tão ruim. Começa OK com "Swing da cor", com canja do Olodum, e segue melhor ainda no arranjo tecno-retrô para "Geleia geral" (Gil e Torquato Neto). Pena que os bons momentos estejam perdidos entre bobagens como "Milagres" (Herbert Vianna) e "Maravilhê", que mais parece *jingle* de campanha turística do governo.[17]

O álbum foi a porta de entrada para Daniela mostrar seu talento como artista, não apenas como conhecedora da música feita na Bahia, mas também na busca por uma sonoridade pop própria e mais universal. Jorginho Sampaio, que a acompanhou desde a época da Companhia Clic, lembra como já no início de sua trajetória Daniela flertava com elementos da música pop, mantendo-os por toda sua carreira solo.

> Ela sempre imprimiu um estilo pop mesmo, moderno, e fazendo disso um diferencial, passeando um pouquinho por MPB. Um pop mais

---

17 *Bizz*, ed. 78, jan. 1992, pp. 44-5.

> geral assim, mais universal, mais plural, mas com a cara totalmente brasileira, cantando a aldeia dela que era Salvador, que era o axé, que era o bloco afro, que era o Carnaval.

Como fora seu plano desde que se encantou com "Faraó", Daniela foi se aprofundando no universo dos blocos afro, entendendo e conhecendo mais daquela rica cultura e, com a convivência, inserindo a cultura afro e a sonoridade dos blocos em sua música. Jorginho Sampaio lembra como ela era apaixonada por todo aquele universo das entidades afro-baianas.

> Íamos a todos os ensaios de Muzenza, Olodum, Ilê Aiyê, do Malê Debalê. Ela ia bebendo dessa fonte, ia pra ouvir, pra curtir, mas às vezes ia como convidada, pra participar, pra cantar. Tudo uma novidade, uma coisa diferente. Ela que tinha todo o conforto de uma banda ia cantar só com percussão. Ela fez uma escola disso aí, aprendeu tudo e levou pro disco.

Carlinhos Brown atesta a importância dos blocos para Daniela – e, mais do que isso, ressalta como a cantora fortaleceu uma aproximação social que a geração dele buscava.

> Havia uma série de preconceitos e discriminações – ainda vigentes, claro –, mas que, naquela época, eram ainda mais gritantes e excludentes. O Curuzu não subia mais a ladeira sozinho, afinal o Ilê Aiyê é um dos maiores responsáveis pela reafricanização no Brasil, dos anos 1970 pra cá, e Daniela unia a cidade nesse cantar.[18]

---

18 Entrevista ao autor em setembro de 2020.

Segundo Vovô, Daniela se tornou a única cantora brasileira com cacife para entrar em qualquer estúdio ou ensaio de bloco afro.

> Seja Ilê, Olodum, Muzenza, Cortejo Afro, qualquer um. Ela vai e canta de ouvido, não precisa de partitura, de nada, porque ela frequentou muito, ia para os ensaios dos blocos e pegou o *know-how*. Ela não treme na base.

A convivência e a experiência com os blocos afro foram cruciais para a música que Daniela formatava e que conseguiria conceber de forma mais sólida com O *canto da cidade*.

3

A PRODUÇÃO

O contrato de Daniela Mercury com a Eldorado previa três discos, os dois que tinham saído com a Companhia Clic e o primeiro álbum solo. Era uma gravadora de pequeno porte pertencente ao Grupo Estado, fundada em 1972, e que se dedicava a trabalhos de valor histórico e documental da música brasileira. A Eldorado não tinha maiores pretensões de sucesso comercial. Lançou artistas de jazz e música erudita, mas também teve uma atuação bastante diversificada, com nomes como Thaide & DJ Hum (rap), Geraldo Filme, Zizi Possi e Zélia Duncan (MPB), Paulinho Nogueira e Helena Meirelles (instrumental), Raíces de America (música latino-americana), Sepultura (thrash metal), Ratos de Porão (punk hardcore), além de Daniela Mercury e do Ilê Aiyê.

Sem grandes recursos, a Eldorado não tinha como investir muito na carreira dos artistas. "Era uma coisa meio alternativa, mas era interessante porque eles eram muito livres e respeitosos. Na Rádio Eldorado, em programas de jazz, eles botavam 'Swing da cor' para tocar. Eu achava aquilo muito louco", lembra Daniela. Sem muitas opções, a cantora tomou a iniciativa de ir para São Paulo divulgar seu disco, mas nem sempre com a receptividade esperada.

> Mesmo já tendo uma carreira em Salvador, eu tentava mostrar para algumas pessoas as músicas do disco numa fita cassete e o povo dizia: "Tá doida, essa música não vai tocar em lugar nenhum". Então vi que não tinha jeito, eu ia ter que fazer shows mesmo e ir tentando mostrar ao vivo que aquela música era interessante e que podia tocar na rádio.

O empresário Jorginho Sampaio lembra que "Swing da cor" já fazia sucesso em Salvador e em outros lugares, mas ninguém tinha a dimensão do que estava acontecendo com o disco fora da Bahia, e muito menos o que ocorria com ele fora do Nordeste. "Hoje em dia tem radiolink, tem tudo, você sabe quantas reproduções o artista teve em Porto Alegre, Fortaleza ou em qualquer lugar do Brasil, São Paulo, Rio, mas naquela época não tinha essa informação." Na época, antes da internet e das redes sociais, era muito mais difícil avaliar o impacto de um novo artista e mesmo difundir novos discos. Para ajudar na divulgação, Sampaio conseguiu fechar alguns shows em São Paulo, em projetos voltados para artistas iniciantes ou de dimensão média.

Um dos projetos era o programa *Bem Brasil*, da TV Cultura, gravado aos domingos em apresentações abertas e gratuitas nos gramados da Universidade de São Paulo (USP). Daniela Mercury reuniu uma multidão ao redor do palco, com um público estimado em 20 mil pessoas, em pleno outono paulista. Foi um show marcante, com cerca de uma hora de duração, focado em músicas de seu disco, mas também de vários *hits* do Carnaval baiano. O público reunido pela cantora impressionou, mas a apresentação que entrou para a história tinha acontecido dois dias antes, no vão livre do Masp. O histórico show havia integrado o projeto Som do Meio Dia, voltado para artistas iniciantes e realizado ao meio-dia das sextas-feiras em plena avenida Paulista.

O show se tornou lendário – e, como toda lenda, é contado em diferentes versões. Segundo jornais da época, o público foi avaliado em 9 mil pessoas pela Polícia Militar e estimado em 15 mil pela Secretaria Municipal de Cultura, promotora do evento. Com o tempo, a lenda ganhou corpo e chegam a falar em 30 mil ou até 40 mil pessoas presentes. Daniela também não havia sido a primeira artista, nem mesmo a primeira baiana, a lotar o espaço. Na semana anterior o Olodum teria levado um público de 25 mil pessoas ao mesmo projeto, mostrando como a música baiana estava em evidência.

O fato é que aquela apresentação mostrou a força da cantora. O Olodum já tinha um nome relativamente estabelecido, mas Daniela ainda estava longe de ser popular no país, especialmente em São Paulo. Era uma novata divulgando seu primeiro disco.

> Eu tinha chegado pela primeira vez para fazer um show ao meio-dia, no meio da avenida principal de uma cidade gigantesca, numa sexta-feira. Lógico que eu achei que não ia dar em nada, mas fui. E quando digo dar em nada falo de conseguir ao menos algum eco.

Era mesmo difícil ter a dimensão da popularidade que a cantora já angariava naquele início de sua trajetória.

> Eu já tinha uma carreira. "Swing da cor" tinha sido um grande sucesso em Salvador. Em São Paulo, as pessoas me conheciam do Nordeste e do Carnaval, umas tinham ouvido falar, outras foram por curiosidade, e outras foram parando porque viam que estava acontecendo um show. Mas eu cheguei e já tinha umas 3 mil pessoas esperando.

Jorginho foi acompanhando a cantora e percebeu de imediato a chegada de muitos estudantes.

> Começaram a chegar garotos de blusa e farda de colégio. Comecei a observar que, no ponto próximo ao Masp, descia todo mundo do ônibus. Quando cheguei ao palco com ela, tinha uma multidão no vão livre, aquilo me assustou terrivelmente, eu não esperava, ninguém esperava, mas começamos o show.

A apresentação havia sido programada para durar entre uma hora e uma hora e meia, mas com quinze minutos os funcionários do Masp entraram em desespero, pois os quadros no museu estavam caindo. Parte do acervo do Masp fica no subsolo, onde também funciona um restaurante (abaixo, portanto, do vão livre).

> Todo mundo pulava e balançava tudo, um negócio maluco "retado". A coordenadora, doida. Meu parceiro Manolo (Pousada) disse que ia ter que parar e eu dizia que não ia parar. Quando olhei, tinha um coronel, tipo aqueles do Pentágono, com um metro e noventa, fardado, de óculos Rayban, dizendo: "Vai parar ou tiro a tomada".

Jorginho avisou a Daniela que não tinha jeito, iam ter de parar o show. Após quarenta minutos de apresentação, Mercury foi retirada do palco por representantes da Secretaria de Turismo de São Paulo, que, preocupados com a estrutura do museu, receberam da Polícia Militar ordem para interromper o evento. O empresário conta:

> Tivemos destaque com fotos na primeira página de cinco jornais. "Baiana para a Paulista". Engarrafou tudo. Pararam as duas mãos da avenida. Travou São Paulo. Foi *Folha de S.Paulo*, *Estadão*, *Jornal da Tarde* e outros. Lembro da manchete do *Notícias Populares*: "Multidão baba na gostosa". Foi assim que começou. Esse show no Masp foi realmente um marco.

Depois do show, o projeto Som do Meio Dia foi suspenso.

Naquele 5 de junho de 1992, Daniela solidificou o fenômeno que já pintava com o sucesso de "Swing da cor".

> Aquilo chamou a atenção dos jornais porque ninguém sabia nem o meu nome. Uma baiana parando São Paulo, Daniela, quem era Daniela? Ninguém sabia quem era eu. Eu fui capa de cinco jornais porque tinha feito uma confusão na Paulista. Não era a minha música, mas aquela confusão gerou um interesse pela minha carreira.

Há mais versões conflitantes a respeito do show, especificamente sobre o que aconteceu depois dele. Uma das histórias que circulam é que o alvoroço em torno daquela apresentação teria sido a razão para o acerto do contrato da cantora com a gravadora Sony. Segundo Sampaio, no entanto, embora Daniela ainda não tivesse lançado o disco, já tinha assinado contrato com a gravadora. "O show foi importante, mas ela já estava na Sony."

Vice-presidente artístico da Sony na época, Marcos Kilzer confirma que o contrato já havia sido assinado antes do show do Masp. Ele lembra como conheceu Daniela e como começou um novo capítulo na história dela. "Em 1992, vi uma reportagem da Glória Maria no *Fantástico* sobre a Bahia. Ela entrevistava uma cantora local e eu gostei do que ouvi. Guardei o nome e fui atrás de quem poderia me dar mais informações."[19] Kilzer conseguiu o telefone de Jorge Sampaio com um representante de vendas da Sony no Nordeste e entrou em contato:

> Até então ninguém da gravadora conhecia Daniela Mercury. Fui a Salvador ver um show intimista que ela fez no antigo Teatro Maria Bethânia. Fui sozinho mais umas duas vezes ver apresentações bem simples e em lugares pequenos. Jantamos num outro dia, eu, Daniela e Jorginho Sampaio, e acertamos a assinatura, que foi sacramentada na minha sala, na antiga sede da Sony Music. Até então ela era uma total desconhecida no eixo Rio-São Paulo.

Para Jorginho Sampaio, além da própria performance de Daniela, as vendas do primeiro disco na Bahia e no Nordeste teriam atraído os olhos da Sony.

> O sucesso foi muito grande, o disco, modéstia à parte, era muito bom e o mais importante de tudo era o talento de Daniela, uma coisa fantástica. Então houve um interesse do mercado como um todo e demos preferência à Sony.

De fato, Daniela aparecia como uma grande novidade no país, em um momento em que as rádios eram dominadas por músicas internacionais (que ocupavam cerca de 60% entre as mais tocadas em

---

19 Entrevista ao autor em junho de 2019.

1992). Outro gênero dominante na época vinha sendo a música sertaneja.

As tratativas entre a artista e a Sony Music ocorreram sem maiores dificuldades. O problema foi o fato de que o presidente da empresa, Roberto Augusto, não se empolgava tanto com a sonoridade e a estética da música de Daniela Mercury. Segundo Jorginho Sampaio, ele teria feito sugestões antes mesmo de o disco começar a ser gravado.

> Ele me pediu na época que não queria aquela "mesmice de samba-reggae, de Olodum, de bumbumbum". Falava "cuidado pra não ficar demais, pra não ficar *over*. Para não soar muito tribal". Eu respondia que não podia prometer nada porque a parte musical e técnica não era minha, e que também não concordava com ele.

Para o empresário, aquela sonoridade era genial justamente por seguir a conhecida máxima de Leon Tolstói: "Se queres ser universal, canta a tua aldeia". Sampaio lembra que o presidente achava que aquele som era um modismo, que ia passar muito rápido. "Mas, na verdade, foi tudo ao contrário."

Daniela lembra que Augusto chegou a propor que ela tentasse outra sonoridade e seguisse outro caminho. "Ele propôs que eu fizesse música cigana", conta a cantora aos risos. Kilzer defende que a gravadora não chegou a interferir no trabalho. "Houve uma sugestão do presidente para gravar uma versão de uma música do Juan Luis Guerra[20], mas eu mesmo brequei."

---

20 Compositor e cantor da República Dominicana, Guerra tinha lançado em 1990 o bem-sucedido álbum *Bachata rosa* (*Romance rosa*, no Brasil). A edição brasileira do disco data de 1991 e tinha canções traduzidas para o português. Uma delas, "Borbulhas de amor", com versão em português do poeta Ferreira Gullar, fez grande sucesso na voz de Fagner naquele ano.

A relação de Daniela com a Sony acabou sendo tranquila e, em concordância com a gravadora, ela dava os passos para levar adiante o projeto que almejava. As possíveis discordâncias do presidente não chegaram a atrapalhar o processo. Kilzer, Daniela e Jorginho estavam afiados. "A sonoridade do álbum era pop, exatamente como eu achava que deveria ser. Daniela também queria assim. Foi coincidência de visões e ela confiou no taco", conta Kilzer. Outra decisão em comum foi relativa a quem seria o produtor. A gravadora sugeriu Liminha, Daniela achou a ideia excelente e acertaram com um dos principais profissionais do País. Sampaio lembra:

> A gente conseguiu ter um relacionamento muito bom. Nunca houve interferência da gravadora na parte musical. Eles pediam: "alivia um pouquinho, tira o pé um pouquinho", mas a gente nem ligava, pra ser sincero. Estávamos fechados com Liminha. Que aí sim seria problema se ele quisesse travar, mas estávamos completamente em sintonia fina com ele e a coisa foi do jeito de Daniela. Não teve dedo de gravadora interferindo, tirando ou botando.

Produtor de mais de 180 discos, Arnolpho Lima Filho, o Liminha, é um dos nomes que delinearam a sonoridade da música brasileira nos últimos quarenta anos. Profissional de confiança das grandes gravadoras, produziu vários discos de sucesso de grandes nomes da música brasileira. Nos anos 1980, o ex-integrante dos Mutantes se consolidou como um dos principais produtores do país, assinando todos os álbuns de Gilberto Gil daquela década, além de discos cruciais do pop-rock brasileiro do período – Lulu Santos, Guilherme Arantes, Titãs, Ultraje a Rigor e Os Paralamas do Sucesso, entre outros. Em 1994, produziria outro grande álbum da década, *Da lama ao caos*, de Chico Science & Nação Zumbi, clássico inaugural do movimento manguebeat.

Porém, o produtor entendia muito pouco daquela música baiana que surgia quando assumiu *O canto da cidade*:

> Sinceramente, eu não conhecia tanto. Meu contato com música baiana foi através de Gil. Produzi 14 discos dele. Passei o Carnaval de 1980 no Trio de Dodô e Osmar, com Armandinho arrepiando na guitarra baiana, e produzi, juntamente com Gil, um disco do Ilê Aiyê lançado em 1984.[21]

Assim mesmo, Liminha era um nome adequado às pretensões de Daniela de tentar fazer soar mais universal a sua música. Para a Sony, também era o nome ideal para aparar possíveis excessos na sonoridade que vinha da Bahia.

Como era esperado, o trabalho de Liminha conquistou todos os envolvidos. Além de ser responsável pela produção, ele participou da concepção de arranjos, foi um dos engenheiros de gravação e está entre os autores da mixagem do álbum. Muito da sonoridade do disco é resultado de seu trabalho. Sampaio lembra:

> Ele foi um cara fantástico, de uma sensibilidade imensa. Respeitou muito o que Daniela fazia, a veia baiana. Estudou muito, ficou vendo tudo aqui, essa coisa da percussão, com toda a sensibilidade. Pegou logo aquela forma que muita gente achava que ia passar e não passou. Aí vingou e ficou muito forte com a coisa da percus-

---

21 Entrevista ao autor em outubro de 2020.

são. Deixou isso tudo muito presente no disco, que era o desejo dela e ele soube traduzir tecnicamente e musicalmente também.

A primeira tarefa da produção seria escolher o repertório, inicialmente feito apenas por Daniela e seus produtores, Jorginho Sampaio e Manolo Pousada. Eles já faziam esse trabalho inicial em seu cotidiano, recebendo e filtrando músicas de diversos compositores baianos. Para uma etapa seguinte da seleção, juntaram-se a eles Liminha e Marcos Kilzer, representando a gravadora. Kilzer conta:

> Era tipo um *brainstorming*. "Essa vai, essa é boa, Liminha sugeriu essa, vamos ouvir." Daniela tinha ótimas músicas de compositores conhecidos apenas na Bahia. Fui para lá uma porrada de vezes no estúdio do [Wesley] Rangel, só pra escutar novas músicas. A do Herbert ["Só pra te mostrar"] pintou no estúdio, gravar "Você não entende nada" [Caetano Veloso] foi sugestão da Daniela. Liminha foi o produtor para ajudar nisso também.

Antes de começar as gravações, Daniela já havia testado boa parte do repertório do disco em seus shows. O laboratório, no entanto, aconteceu mesmo em estúdio, em uma pré-produção com cada música sendo trabalhada separadamente. Parceiro da cantora desde o primeiro disco e um dos que contribuíram na configuração de sua sonoridade, o baixista Cesário Leony ressalta a importância dessa pré-produção:

> Foi uma pré grande, com a gente buscando o melhor arranjo e a melhor levada para cada uma das músicas. Pesquisávamos e testávamos vários ritmos na mesma música, como

> samba-reggae, um rock, ou um ijexá. Experimentamos muito para ver o que ficava melhor.[22]

As gravações começaram em julho de 1992, alternando-se entre Salvador e Rio de Janeiro. Na capital baiana, foram realizadas nos estúdios WR, sede de nove entre dez das gravações mais importantes da história da axé music. O espaço já era bem adaptado para a sonoridade produzida na Bahia, mas ganhou reforço, na busca de uma qualidade ainda maior. Liminha levou do Rio para a capital baiana alguns equipamentos para ajudar nas gravações, como caixas portáteis com mesas, equalizadores, pré-*mixers* e alguns microfones especiais. Parte do disco foi gravado na WR e a outra parte no estúdio Nas Nuvens, criado por Liminha e Gilberto Gil, de onde saíram discos clássicos do pop-rock nacional. Leony lembra:

> Viajamos para o Rio e gravamos parte das músicas lá. Nessa época, em Salvador, os estúdios gravavam muito com equipamento eletrônico, bateria eletrônica, percussão eletrônica, porque não se achava que fosse possível tirar o som de instrumentos acústicos neles. No Rio, a gente teve um estúdio que nos deu todo o suporte de instrumentos, de microfones, que nos recebeu exatamente para esse tipo de execução, tirando os melhores sons de bateria acústica. A sala era muito boa. O estúdio e a pré-produção que fizemos ajudaram muito para deixar o disco e a percussão dele muito fortes.

O estúdio carioca serviu ainda para uma fase de pós-produção, com inserção de teclados, ajustes de arranjos de algumas músicas, além da mixagem.

---

22 Entrevista ao autor em outubro de 2020.

Daniela planejava o novo disco como uma continuação do álbum de estreia, procurava estreitar a relação dos ritmos oriundos dos blocos afro com uma sonoridade mais pop e universal. O primeiro disco serviu para abrir a porta para aquela nova proposta, enquanto O *canto da cidade* se tornou a entrada para o *mainstream* da música brasileira. A cantora explica:

> São discos bem irmãos em termos de buscas, porque eu estava tentando trazer, ser, fazer uma nova linguagem dentro da MPB. E isso significava trabalhar com arranjos e pensar como misturar elementos que não fossem já conhecidos da MPB.

Ela lembra ainda que, naquela época, a lambada era o ritmo que mandava na Bahia e no Brasil e o que fazia não era mais o que estava em evidência:

> Muita gente não queria saber de samba-reggae e samba-afro, porque era uma música muito política, muito densa, muito forte e muito específica. Aquilo que eu estava fazendo já era uma coisa que não interessava muito à Bahia, porque o discurso dos blocos afro não era uma música popzinha, não era uma música de amorzinho. Eu já estava fazendo MPB. A música que as bandas comerciais, as bandas de pop de Salvador, estavam fazendo era outra coisa.

Se na estreia ela já tinha dado início a essa proposta, agora ela tinha o suporte de uma grande gravadora, de um dos maiores produtores brasileiros, muito mais recursos, equipamentos e uma equipe trabalhando para tornar aquela sonoridade ainda mais acessível. Essa era uma das tarefas de Liminha. Para ele, aquela música soava pouco palatável para ser um sucesso nacional. "Era meio tribal mesmo, e não ia pegar em outras partes do país se não fosse feita uma combinação diferente dos ingredientes. Conduzi para um lado mais acessível, urbano e radiofônico."

Se não tinha profundo conhecimento daquela sonoridade, Liminha, no entanto, sabia os caminhos que queria seguir. Podia tanto contar com o talento musical de Daniela como com o conhecimento dos produtores da cantora sobre a cena baiana. O produtor conta:

> Jorginho Sampaio e seu sócio Manolo Pousada estavam por dentro de tudo que acontecia na Bahia; conheciam compositores, locais de shows, trios, micaretas, enfim, traziam bastante informação, fomos juntando as peças e deu no que deu.

Segundo ele, para dar início à produção de *O canto da cidade* no estúdio, o primeiro trabalho foi adequar os músicos e as composições escolhidas.

> Fazer a banda tocar com *click* e mais junto, evitar que um pisasse no pé do outro. Rearranjar muito, porque você não consegue mixar um arranjo malfeito. Captar direito o som, cuidar dos graves, escolher timbre, fazer o mapa das músicas, tempo, duração e, principalmente, escolher as músicas certas, enfim, montar o quebra-cabeça... um trabalho que eu gosto de fazer.

Na montagem do quebra-cabeça, uma das dificuldades era como conseguir um equilíbrio entre manter a musicalidade afro-baiana, calcada na percussão, e ao mesmo tempo soar como pop universal. Uma medida que a música baiana ainda não havia encontrado, mas que movia Daniela desde seu primeiro disco. Com as ferramentas mais adequadas, em *O canto da cidade* ela conseguiu encontrar o caminho. "A gente foi aperfeiçoando a percussão, foi fazendo as pesquisas, fazendo as fusões, pegando coisas, misturando com MPB, misturando compositores."

RAMIRO MUSOTTO

Figura fundamental na consolidação e disseminação do samba-reggae e na inserção de elementos eletrônicos na produção baiana, o músico argentino Ramiro Musotto contribuiu decisivamente para a sonoridade de *O canto da cidade*. Ele já havia trabalhado com Daniela no disco de estreia, mas aprofundou sua colaboração no segundo álbum. Segundo a ficha técnica do disco, Ramiro foi responsável pelos arranjos de "Batuque" e "Bandidos da América" (nesta, ao lado de Luizinho Assis e Liminha). Assinou também o magistral arranjo de percussão de "O mais belo dos belos", tocando diversos instrumentos ao lado de apenas dois percussionistas e fazendo soar como se fosse a percussão completa do Ilê Aiyê. Nessa e em outras faixas, utilizou também as batidas dos blocos afro que tinha, sampleadas, em seu MPC. Ao lado de Théo Oliveira e Beto Resende, respondeu ainda pela percussão, tocando repique, surdos, tarol, bateria eletrônica e outros instrumentos. Também foi um dos responsáveis por inserir os elementos eletrônicos, em especial programações e *samples*.

Na verdade, Ramiro fez muito mais, tendo sido decisivo para nortear a sonoridade do disco. O argentino levava para o álbum sua experiência com percussão e ritmos baianos, ao mesmo tempo que inseria seu conhecimento com tecnologia eletrônico-digital e produção. Como poucos, sabia aliar programações com a percussão afro-baiana.

Foi em busca disso que Daniela o convidou para integrar a equipe do álbum. Segundo ela, Ramiro era um músico muito inquieto e com total domínio dos equipamentos mais novos.

> Ele era muito curioso, sempre aprendendo muito, prestando atenção em tudo das linguagens novas. Começou a usar aqueles equipamentos, aqueles *samples*. Aprendia tudo com muita rapidez e tinha um grande domínio tecnológico. Mas ele sabia também a linguagem dos repiques, a forma de tocar repique, que estava morrendo. Ramiro ficou tocando como Neguinho do Samba. Aprendeu a tocar com Mestre Prego, com Márcio Victor. Aprendeu a tocar tudo melhor e usava isso pra gente fazer coisas de excelência.

Para Liminha, o músico foi peça fundamental em *O canto da cidade*:

> Ele era um percussionista fabuloso, com conhecimento erudito, com muito suingue, um estudioso. Escrevia células rítmicas, era bom com os timbres, super bem equipado, mexia bem com bateria eletrônica, Akai MPC, enfim, um gênio e, acima de tudo, uma pessoa maravilhosa.

Além de todo o conhecimento sobre equipamentos e percussão que Ramiro Musotto possuía, Daniela lembra como ele também tinha muito bom gosto harmônico:

> A gente se apoiava muito. Quando eu dava ideias, ele me ajudava a realizar, a gente ia tentando achar os caminhos, timbres, decidindo como fazer as coisas. Não atuou apenas como músico, foi um grande produtor e arranjador. Ele era incrível, virou um grande apoio em tudo que

> eu fiz ao longo da minha vida, até o *Canibália*, que, quando ele acabou de fazer, faleceu.

A afinidade extrapolou o trabalho da própria cantora e juntos produziram o disco do grupo Meninos do Pelô, *Adota eu* (Sony, 1993), na sequência de *O canto da cidade*. "Foi um disco baratinho, tínhamos um dinheirinho e eu pedi à Sony pra gente produzir", conta a cantora. Com Daniela, além dos dois primeiros álbuns, Ramiro trabalhou ainda nos discos *Música de rua* (1994), *Sol da liberdade* (2000) e *Canibália* (2009).

> No *Música de rua* tem instrumentação toda harmonizada em berimbau por causa dele. A gente se tornou unha e carne na construção dos conceitos dos álbuns. Era o único produtor que eu deixava sozinho fazendo as coisas sem mim... depois de anos.

Em entrevista realizada pouco mais de um ano antes de sua morte a um jornal de Fortaleza, Ramiro contou como começou a relação com Daniela e Liminha:

> Eu estava num momento legal, trabalhando com um super *sampler*, tocava com Margareth na Europa e nos Estados Unidos direto, tínhamos feito três ou quatro grandes turnês pelo mundo, aí Daniela me chamou e o produtor era o Liminha. Ele usava o mesmo *sampler* que eu, Akai, ficamos encantados um com o outro. Depois d'*O canto da cidade*, onde eu fiz os arranjos de várias músicas, comecei a tocar com Dani e dois anos depois me mudei pro Rio, onde gravei muito com Liminha e depois com muitíssima gente por lá.[23]

---

23 "'O Carnaval e a axé music estão contra a cultura popular da Bahia'", *Diário do Nordeste*, Caderno 3, 30 jun. 2008.

Muito ligado à música baiana, Ramiro contribuiu também com Skank, Lenine, Marisa Monte, Paralamas do Sucesso, Caetano Veloso, Gilberto Gil, Lulu Santos, Sérgio Mendes, Gal Costa, entre vários outros. Morto em 2009, aos 45 anos, o músico deixou dois álbuns, *Sudaka* (MCD World Music, 2003) e *Civilização & Barbarye* (Los Años Luz Discos, 2006), nos quais mescla cantos xavantes, berimbaus polifônicos e harmonizados, *samples* do Ilê Aiyê e Harmonia do Samba, guitarra baiana, percussão e eletrônica com inspiração no candomblé, rumba e samba-reggae.

Daniela sabia do cuidado e do respeito com que o músico argentino tratava as sonoridades dos blocos afro. Ramiro era o melhor nome para trabalhar da forma como a cantora desejava, destacando os elementos rítmicos. Ela queria a percussão como protagonista em sua obra. "Nesse álbum, a percussão vem para a frente, ela é a grande estrela do espetáculo. Ela foi trazida para o primeiro plano, saiu do acompanhamento. Isso foi um conceito que escolhi fazer", diz a cantora.

Não era simples. A proposta de concepção de seu trabalho não se resumia a levar e gravar a sonoridade percussiva dos blocos afro. Era criar algo novo a partir daquilo. Daniela conta:

> Mesmo sendo a rítmica dos blocos afro e a síntese vinda das ruas, da coletividade, quando você grava num estúdio existem mil escolhas, mil possibilidades. Eu podia dar mais protagonismo à percussão ou podia deixar a percussão atrás e ficar cantando com outros instrumentos na frente, botar um violão, botar o que quisesse. Mas na mixagem eu insistia sobre isso com Ramiro e com Liminha.

Para além do trabalho de Ramiro, tanto com percussão quanto com os *samples*, o disco teve um time de importantes percussionistas baianos. Théo Oliveira e Beto Resende eram os músicos fixos da banda de Daniela, tocavam com ela nos shows e aparecem em boa parte do disco, mas contaram com um grande reforço: originários dos blocos afro, Mestres Putuca, Jackson, Giba e Prego foram substanciais para configuração e ênfase da sonoridade percussiva do álbum. Eles aparecem tocando timbal, repique, cuíca, tamborim, apito, tarol e surdo em apenas três faixas: "Batuque", "Bandidos da América" e "O mais belo dos belos", justamente as que mais se aproximavam dos sons das quadras e dos ensaios dos blocos afro.

CESÁRIO LEONY

Outra peça-chave foi o baixista Cesário Leony, que, ao lado de Ramiro, foi um dos parceiros de Daniela na busca por novas sonoridades e pela melhor forma de levá-las ao estúdio. "Eu, Cesário e Ramiro trabalhamos muito juntos, buscando reunir as informações, porque a gente ia catando as coisas de cada lugar, misturando os elementos, tentando, fundindo, fazendo tentativas de usar percussão com as músicas", conta a cantora. Para ela, uma das dificuldades era a relação da música feita pelos blocos afro com o Carnaval, que fazia com que eles utilizassem uma linguagem apenas com voz e percussão:

> O desafio foi ir para o estúdio e fazer aquilo se tornar uma linguagem diferente. Desenvolver, pesquisar, trabalhar, compor com outras temáticas. Estávamos fazendo uma coisa que nem a gente sabia o que era exatamente. Porque estávamos construindo aquilo. Lembro-me de Beto e Ramiro gravando e sobrepondo os canais com

os sons do Ilê e a gente percebendo que era muita nota. Como é que a gente ia inserir harmonia sem ferir aquela base que era tão linda? A gente tinha de encontrar os buracos para botar harmonia [risos].

A pré-produção já tinha definido como cada música deveria soar, qual ritmo e qual levada seriam utilizados. A tarefa, agora, era descobrir como transpor as ideias para a gravação. Daniela conta:

> Eu e Cesário discutíamos muito como que o baixo ia tocar junto com o surdo. Eu dizia que precisava do surdo porque senão a gente não faria a linguagem como ela é, a gente não preencheria a base rítmica. Foi muito encantador gravar aquelas percussões, porque mudava muito o comportamento. A gente estava acostumado à MPB, tudo com bateria e, às vezes, era um som pequeno. Queríamos que soasse forte como nos discos de artistas internacionais.

Ela sabia o que queria com aquele disco, já havia experimentado sonoridades no trabalho anterior e tinha a experiência de cantar para grandes públicos. Ainda não era um sucesso nacional, mas já cantava para multidões nos palcos e nos trios elétricos, especialmente na Bahia e em partes do Nordeste. Sabia como agradar e conquistar as plateias. Tinha a exata noção de como aquele movimento em que estava inserida na Bahia conseguia criar clima de festa e ambiente favorável para a dança.

A propósito disso, é importante lembrar que, além dos ritmos, das sonoridades, a dança era outro elemento-chave em sua música. Daniela conta:

> Eu tinha que estruturar tudo ritmicamente. Meus instrumentos são minha voz e meu corpo,

> porque sou bailarina também. Então eu tinha que perceber aquilo, ver se era vibrante ritmicamente, se funcionava para dançar, se era o que eu queria, se queria cantar aquilo mais lento ou mais rápido. Se o tom era aquele, se não era.

Apenas na produção do disco, Liminha percebeu como aquela questão era importante para Daniela e para o álbum – e algo que acabou sendo um dos fios condutores para seu próprio trabalho como produtor. Ele lembra:

> Ela ia no *feeling*, dava opinião e chamava a atenção sobre como era muito importante que as músicas fossem dançantes. Uma vez, fizemos um arranjo e ela nos mostrou que estava impossível de dançar. Rapidamente entendi isso, mudamos e passamos a considerar fundamental que as músicas ficassem sempre dançantes.

WILLIAM MAGALHÃES

Pianista, arranjador e produtor musical, William Magalhães foi outro que contribuiu para adequar a sonoridade de *O canto da cidade*. Trabalhava com Liminha no estúdio Nas Nuvens e ficou responsável por arranjos e teclados no disco. Ele admite que ficou preocupado quando teve o primeiro contato com as batidas percussivas baianas e soube que iria trabalhar em cima daquilo:

> Quando cheguei e vi o potencial de batucada que existia, senti muita responsabilidade, porque interferir naquilo, colocar coisas por sobre aquilo era muito delicado. Fiquei bem impressionado com o peso. Era uma produção que já vinha da Bahia com essa parte rítmica bem

> definida pelo Ramiro Musotto. Mas eu pensava: como poderia contribuir?[24]

A solução foi trabalhar nos arranjos e buscar a configuração de som adequada. Depois das gravações, a última parte da produção, no Rio de Janeiro, tinha o intuito de dar esse arremate final, fazer o trabalho soar pop e universal, sem perder as particularidades.

> A ideia era contribuir com aquele som. Fazer coisas que não deixassem que aquela essência da batucada ficasse obscura. Acho que a tônica do trabalho foi muito essa. A gente só foi pincelando com alguns teclados, com alguns arranjos de voz, e o trabalho foi se delineando de forma coesa.

Junto com Liminha, com Ramiro e com a própria Daniela, Magalhães foi arranjando e incorporando os teclados. "Coloquei muitos teclados Rhodes, muitos sons eletrônicos pra combinar e dar aquele piso de inovação. Precisei de bastante tato para poder mexer naquela estrutura."

Assim como Liminha, o produtor e músico também conhecia pouco da cantora, mas, quando observou o cuidado que ela tinha com o trabalho e todo o *approach* de produção, constatou que aquilo renderia. "Sabia que Daniela tinha feito um disco anterior, que já tinha uma representatividade na cidade, mas não sabia que estava buscando aquela sonoridade. Quando percebi que existia uma inovação, vi que aquilo ia estourar."

Para Magalhães, com o trabalho de pós-produção eles conseguiram o objetivo de unir a parte percussiva com os outros instrumentos. Foi quando entendeu que estavam fazendo algo diferente: "Percebi que o trabalho ia inovar dentro do cenário da

---

24 Entrevista ao autor em agosto de 2020.

música baiana e também da música brasileira". Magalhães se lembra de uma cena que ilustra a percepção de todos sobre o resultado que estavam alcançando:

> Quando a gente mixou a música "O canto da cidade", ficou todo mundo olhando um para o outro e rindo pra caramba, de felicidade. Porque percebemos que tínhamos chegado a uma fórmula que até então era única no Brasil. Foi assim que percebi que o disco ia ser um sucesso.

* * *

Quando o disco foi finalizado, ainda restava alguma resistência na Sony, mais especificamente por parte de seu presidente, Roberto Augusto. Jorginho Sampaio lembra que havia algum preconceito na origem daquela resistência: "Nós fizemos um disco essencialmente Bahia, tambor e bloco afro, contrariando o presidente da gravadora". Kilzer concorda que o chefe não tinha gostado do resultado:

> Quando ele ouviu o álbum pronto na minha sala, disse que era muito regional e balançou a cabeça negativamente. Eu respondi com uma frase que não devia ter dito: "quando você não gosta, geralmente é bom". Tem testemunha disso. Ele não prestigiou a gravação. Ouviu o disco quando estava pronto e acabado. Depois do sucesso ele achou ótimo.

Kilzer lembra que fez um trabalho dentro da gravadora para promover o álbum, levando o pessoal de vendas, o setor de divulgação e também da imprensa para o estúdio Nas Nuvens. "Com o talento e o carisma que tem, Daniela conquistou primeiramente o pessoal da gravadora. Apenas o presidente na época não foi ao estúdio ouvir." Na mesma época de *O canto da cidade*, Edson Cordeiro também estava em estúdio gravando seu primeiro disco e Adriana Calcanhotto em pré-produção do seu segundo. Eram as apostas da gravadora. "Eu estava no início da minha gestão como diretor artístico. Tinha contratado Daniela e Edson. Então não podia errar."

Vice-presidente da Sony México, o produtor musical Marcos Maynard estava no Brasil na época e foi outra testemunha da resistência inicial de Roberto Augusto ao disco. Segundo Maynard, o presidente queria ouvir outra opinião e o consultou:

> Fui ao estúdio e ouvi algumas músicas. Daniela cantou e dançou. Numa reunião no dia seguinte com o Roberto falei que tinha achado o disco espetacular, uma coisa extraordinária. "Essa menina é um fenômeno, um monstro." O Roberto era um cara muito marqueteiro. A gente se conhecia dos tempos de CBS, eu sabia como convencê-lo. Ele ficou empolgado e começou a fazer um trabalho de marketing.[25]

Com o disco pronto, finalmente aceito por Roberto Augusto, o desencontro de opiniões agora envolvia a arte gráfica. Com direção de arte de Carlos Nunes, *O canto da cidade* tinha um encarte dividido em duas cores, vermelho e amarelo, preenchido com fotos da cantora tiradas por Marcelo Faustini.

A capa seguia a mesma lógica, mas não foi bem aceita por todos. A querela foi resolvida de forma inusitada e criativa, com a cara da Bahia. Kilzer conta:

> O fundo da capa era vermelho e eu achei um horror. O Jorginho idem, e a Daniela também. Mas o Roberto tinha aprovado. Não era minha

---

25 Entrevista ao autor em julho de 2019.

> área, mas, mesmo assim, combinei com o Jorginho e a Daniela para a gente dizer que tinha de ser fundo branco, porque era uma questão do "santo", alguma coisa ligada à mística baiana. Combinamos e assim foi feito. O Roberto respeitou o "santo".

O canto da cidade foi uma construção coletiva, feita por várias mãos, com diversas partes envolvidas, cada qual levando seus conhecimentos e contribuindo para o conjunto, em um feliz encontro de profissionais, que acrescentaram suas influências e referências. Daniela, Ramiro, Cesário e a equipe da Bahia traziam a vivência do Carnaval e da musicalidade afro, o conhecimento sobre a sonoridade dos blocos afro e a riqueza percussiva. Liminha e seu time reuniam a competência para transformar as ideias da cantora em um formato adequado para o grande mercado. Com a produção pronta, restava aguardar a repercussão do disco.

4

O ÁLBUM

Em seus primeiros acordes, *O canto da cidade* parece apontar para um caminho diferente do mostrado na abertura do primeiro álbum de Daniela Mercury. No lugar da voz à capela seguida por percussões potentes, há uma introdução com teclados, guitarras e voz, sugerindo um clima quase de rock de arena. A sensação dura pouco mais de vinte segundos, com a entrada do marcante ritmo baiano dançante e vibrante que a cantora já vinha apresentando. A dosagem da percussão, no entanto, aparece mais contida, menos pulsante, com teclados perpassando a faixa e criando uma atmosfera bem-comportada. A música que dá título ao disco resume o trabalho de Liminha como produtor, aparando arestas e deixando a sonoridade menos crua e mais pop.

Nesse primeiro álbum da cantora pela Sony, que custou aproximadamente US$ 100 mil (US$ 40 mil acima do previsto), o resultado foi exatamente o que tinha sido proposto quando artista e gravadora entraram em acordo. A musicalidade baiana continuava presente, a percussão também estava lá, marcante e pulsante, mas a sonoridade era mais universal, dando destaque para elementos e arranjos típicos dos sucessos radiofônicos do período. Era a música afro-baiana passada por um filtro, com excessos podados e com um som mais palatável. Para Liminha, eram adaptações inevitáveis para se atingir um público mais amplo. "Sem essas mudanças, a axé music não teria feito o sucesso que fez em todo o país."

Daniela Mercury já vinha trilhando esse caminho entre o pop e o samba-reggae, propondo que o que vinha sendo feito na Bahia soasse como a nova música brasileira. Ela explica:

> Acho que consegui fazer essa ponte n'*O canto da cidade*, ter uma linguagem que era mais próxima da MPB, que dialogava com o rock, com o reggae, dialogava com a música urbana. É um álbum de uma artista urbana. Uma artista de cidade.

A recepção pela crítica não foi unânime: o álbum foi recebido sem tanto entusiasmo por alguns, enquanto outros receberam melhor a proposta do disco. A crítica menos favorável apontava como problemas a perda de força na gravação, especialmente se comparada às apresentações ao vivo e ao poder da percussão baiana, já bastante conhecida. No *Jornal do Brasil*, o álbum foi tratado assim: "No palco, Daniela é uma Madonna baiana. No disco, repleto de teclados, sua força se dilui"[26]. À época do lançamento, o jornalista André Forastieri também comentou o álbum na revista *Bizz*:

---

26 *Jornal do Brasil*, 9 out. 1992, Caderno B, p. 4.

> O que falta para essa moça se transformar na primeira grande estrela internacional a sair do Brasil? Nada. Ela é sexy, sabe cantar e dançar, tem "credibilidade de rua", anos de experiência como *backing* e comandante de trio elétrico e exala pura alegria de viver tropical. Para melhorar o potencial comercial, ela é branquinha/italianinha e tem por trás uma *supermulti*.
>
> A Sony calculou assim: primeiro passo para o mundo é estourar no Brasil. A estratégia tem dois gumes. Para o disco colar nas FMs, Liminha teve de amansar a fera: limou o pé percussivo no quilombo de Daniela e caprichou no polimento. A imagem acompanhou a mudança: os shows são tão coreografados quanto os de Marisa Monte e a garota-bicho dos trios elétricos dá agora aula de chiquê no programa do Clodovil. Funcionou, com direito a uma semana de previsível babação de ovo da mídia (você viu Daniela aqui antes e sem fricotes, para variar).
>
> O problema inevitável é que essa metamorfose dilui justamente o principal capital internacional de Daniela, a selvageria nativa embalada em candura. Enquanto não se descobre no que dá esse rolo de marketing todo, dá para ir curtindo o disco – mas só se for cercado de moças de biquíni, com o sol a pino e cerveja gelada no bucho. P.S.: a capa é uma droga.[27]

Segundo Daniela, embora com adaptações e mudanças, o disco seguia o caminho daquilo que já vinha sendo feito na Bahia – mas que ainda era uma novidade para o Sul-Sudeste.

> A síntese de rock e aquela forma de gravar que conseguimos fazer tecnicamente e artisticamente. A sonoridade que a gente conseguiu em *O canto da cidade* era algo que nunca ninguém

---

27 *Bizz*, ed. 88, nov. 1992, p. 63.

> tinha conseguido. Era novo em termos de sonoridade e de arranjos, de linguagem. Uma mistura de elementos e o ecletismo, que na verdade vinha já do primeiro álbum, mas que a gente tinha aperfeiçoado em termos técnicos e aprendido a fazer melhor ainda, de outra maneira.

Depois da campanha pelas Diretas Já e da euforia com o fim da ditadura militar, o Brasil vivia outro momento de ânimo naquele ano de 1992, com a derrubada do presidente Fernando Collor de Mello. Ainda em meio a investigações sobre um escândalo de corrupção, no início de setembro foi protocolado contra ele na Câmara dos Deputados um processo de *impeachment*.

O pedido foi acolhido em 29 de setembro de 1992, poucos dias depois do lançamento de *O canto da cidade*, após forte presença da juventude nas ruas, pressionando pela derrubada de Collor. Apelidados de caras-pintadas, os jovens sentiam que viviam um novo momento no país, que tinham voz e força. Havia um sentimento de esperança de um Brasil diferente. *O canto da cidade* começou a fazer sucesso justamente nesse momento, em meio a um clima de patriotismo e de uma revalorização da cultura brasileira, especialmente pelos jovens. No dia 30 de dezembro daquele ano, o presidente Fernando Collor foi condenado à perda do mandato no plenário do Senado, mesmo após sua renúncia. Sobre isso, Daniela comenta:

> O contexto político me favoreceu. Em 1992, passou aquela minissérie na televisão, *Anos rebeldes*; junto com o *impeachment* de Collor, o Brasil se abriu para a democracia e a juventude começou a se interessar pelo que era brasileiro. Os jovens queriam uma música mais brasileira, começaram a demandar isso e eu apresentava

isso. Porque não adianta, às vezes, você estar fazendo uma ótima música num contexto histórico errado.

Pode não parecer – e, na época de seu lançamento e sucesso, decerto não parecia –, mas *O canto da cidade*, com todo seu clima festivo, alegre e dançante, também era um disco bastante político. Seja diretamente ou nas entrelinhas, algumas das 12 canções do álbum traziam um forte aspecto político. Não apenas nas letras, mas também na postura, com uma musicalidade e uma sonoridade advindas dos blocos afro, com origem na população negra e pobre de Salvador. Isso fazia parte das pretensões de Daniela. Sua ligação com a musicalidade dos blocos afro deixava isso claro.

> Sempre fui uma artista que gostou de música política, de uma música mais densa, mais séria. Sou muito séria. Consegui fazer uma música alegre e forte, porque, na verdade, pra mim a música é a grande resistência para o caos.

Até aquele período, a música no Brasil era muito bem compartimentada pelo mercado e pela crítica. Houve a música mais séria e sofisticada, seja a bossa nova ou a chamada MPB; a música popular, cabendo aí o samba, a música "brega", o baião e os diversos ritmos "regionais"; e a música "jovem", a Jovem Guarda, o rock e mesmo a Tropicália. A partir dos anos 1990, essas delimitações perderam muito o sentido, e os ritmos, gêneros e sonoridades passaram a se misturar com naturalidade.

Isso aconteceu no ambiente da música pop, cujo mercado assimilou essas transformações. Em Pernambuco surgia o mangue beat, que tinha como expoente Chico Science & Nação Zumbi, grupo que promovia a mescla de rock, funk e hip-hop com maracatu, coco e samba-reggae. De Brasília, a banda Raimundos fazia um "forró-core", mesclando elementos do forró com rock mais pesado. Em Minas, o Skank inseria o dancehall jamaicano no pop brasileiro, enquanto o Sepultura mesclava thrash metal com ritmos brasileiros, afro-baianos e indígenas.

Ramiro Musotto era um dos que fazia questão de relacionar a axé music promovida por Daniela com outras movimentações que davam novo rumo à música brasileira naquele início da década de 1990. "De certa forma, tem uma ligação, mesmo que muita gente nem pense nisso, com o mangue-beat", disse ao jornal *Diário do Nordeste*, de Fortaleza. Na mesma entrevista, o músico lembra que Daniela e Chico Science surgiram na mesma época.

> Daniela mostrou que era possível estourar no Brasil fazendo música do Nordeste, da Bahia, e não era forró, era pop, era samba-reggae, era percussão na cara. Como o mangue beat, era outro *approach* que o do Alceu [Valença] ou dos Novos Baianos, tinha a coisa afro muito mais marcada, essa era a novidade. Lembro que encontramos com Chico Science no avião uma vez. Ele tinha interesse em saber como afinávamos os surdos etc. Se você escuta "O mais belo dos belos", de *O canto da cidade*, você entenderá. Essa era a música que todos piravam na época. Claro que depois os caminhos foram bem diversos. Hoje em dia, a axé music e a música feita no Nordeste não têm nada a ver. Uma diz vender beijo na boca, a outra quer vender cultura, arte, conscientização política etc.[28]

---

28 "'O Carnaval e a axé music estão contra a cultura popular da Bahia'", *op. cit.*

Naquele início de década, chegava ao Brasil a MTV, canal televisivo dedicado à música, exibindo basicamente videoclipes, em geral de música pop e jovem. Sem uma produção nacional, a programação era em grande parte composta por videoclipes estrangeiros, e a emissora investia do próprio bolso para algumas produções brasileiras. Em pouco tempo, fazer videoclipes passou a ser ferramenta fundamental para todo artista que desejava atingir um mercado mais amplo.

Se até então a música pop da MTV não incluía a axé music, Daniela Mercury fez questão de mudar aquela história. Seu primeiro sucesso, "Swing da cor", já ganhou um videoclipe com uma qualidade de produção considerável. Foi com a explosão de "O canto da cidade", no entanto, que aquela nova onda baiana entrou na emissora. Dirigido por Patrícia Prata, o videoclipe da música foi o primeiro de axé music a passar na MTV. A estreia havia sido no dia 27 de setembro de 1992, no programa *Fantástico*, da Rede Globo, mas logo chegou à emissora especializada em videoclipes e se tornou um grande sucesso na grade de programação, alcançando o topo do Top 20 Brasil.

Além de videoclipes, a MTV investiu em programas e novos projetos. Sucesso na matriz norte-americana, o *MTV Unplugged* era um deles e ganhou sua versão brasileira, batizada de *Acústico MTV*. Vários importantes nomes da música brasileira deixaram seus registros no formato, como Gilberto Gil, Titãs e Cássia Eller. O projeto da emissora seguia a tendência da matriz, mas também entrava em sintonia com uma onda acústica que ganhava corpo no Brasil.

Naquele período, alguns trabalhos indicavam um mercado crescente para o formato com base acústica, com álbuns como *Sobre todas as coisas,* de Zizi Possi, em 1991, *7 desejos,* de Alceu Valença, de

1992, e mesmo *Olho de peixe*, de Lenine e Marcos Suzano, de 1993. O primeiro Acústico MTV foi gravado em 1991, com a banda Barão Vermelho, mas o primeiro a ser lançado como álbum foi o de João Bosco, em dezembro de 1992.

Daniela seguia outro caminho e apresentava ao país uma música eletrizada, vibrante, carregada de eletrônica e guitarras, essencialmente pop. Promovia também um encontro de ritmos, referências e sonoridades que se relacionava com o que era produzido em outras partes do Brasil, mas com uma visão mais ampla de mercado e de sucesso. Rock, reggae e pop ganhavam o tempero dos ritmos das ruas de Salvador, com potencial gigantesco de alcançar grandes públicos (o que já acontecia na capital baiana e em parte do Nordeste).

A musicalidade negra soteropolitana, que costumava ser tratada com desprezo e como algo inferior, ganhava uma nova embalagem, mais palatável e bastante pop. Já seria uma dose de ousadia e – por que não? – uma atitude política no universo tão compartimentado do mercado musical brasileiro.

Como vimos, a dose política de *O canto da cidade* também estava presente nas letras das canções, ou ao menos em parte delas. Em "Bandidos da América" e "Geração perdida" isso aparece de forma mais evidente, em versos que falam mais diretamente de problemas políticos e sociais brasileiros. Elas tinham relação com o rock brasileiro dos anos 1980, que costumava trazer esses temas à tona.

De forma menos literal, a política aparece em "O canto da cidade" e "O mais belo dos belos (A verdade do Ilê/ O charme da liberdade)", duas das faixas do álbum com origem em compositores ligados aos blocos afro de Salvador. Elas tratavam de negritude, do orgulho da cultura afro-baiana, da musicalidade e da beleza negra. Temas necessários em um país que sempre escondeu o racismo, fingindo que ele não existia em sua sociedade.

O fato de esses temas aparecerem menos diretamente em "O canto da cidade" se deve muito à mudança sofrida pela letra original, como veremos no próximo capítulo. Ainda assim, a canção tinha como objetivo promover um despertar para a produção cultural e musical de matriz, mostrar a força da cultura negra no Carnaval e em Salvador.

Em "O mais belo dos belos", a temática aparece mais diretamente em versos que são pura exaltação à cultura e à beleza negras, representadas pelo bloco Ilê Aiyê. Um discurso afirmativo e de empoderamento, poético, direto e certeiro.

Quase trinta anos depois, boa parte das 12 faixas do álbum ainda permanece no repertório dos shows de Daniela Mercury, especialmente os maiores *hits*, "O canto da cidade", "O mais belo dos belos", "Você não entende nada", "Rosa negra" e "Batuque". Outras entram em shows ou momentos especiais, apresentações acústicas, ou no Carnaval. Um repertório que, em sua maior parte, resistiu ao tempo e continua atual e vibrante.

5

FAIXA A FAIXA

"O CANTO DA CIDADE"

A música que abre e batiza o disco, uma composição originalmente de Tote Gira, é a síntese do álbum e resume as disputas de narrativas entre os diversos envolvidos no disco. Feita em 1990, ela ainda ilustra como funcionava a mecânica de produção musical em Salvador naquele momento de grande efervescência em torno da axé music. A composição teve uma longa trajetória, sendo rejeitada várias vezes até se tornar um sucesso.

Com origem no universo do samba junino de Salvador, o autor Tote Gira circulava pelos blocos afro e, quando compôs a canção, já tinha música gravada pelo Ilê Aiyê ("Romance do Ilê", no álbum *Canto negro*, de 1989). Embalado pelo sucesso da banda Mel, "Prefixo de verão", de 1990, que "se tornou uma espécie de hino da cidade", segundo Gira, ele teve a ideia de fazer mais uma música que falasse de Salvador e de seu povo negro. "Ela foi feita para falar de nossa cidade, de seus valores culturais e da negritude. Daquele que faz o Carnaval, que faz alegria e a festa do nosso jeito", explica Gira[29].

Recém-criada, a canção foi enviada para Durval Lelys. Após um ano sem nada conseguir, o compositor decidiu tentar emplacá-la com outros produtores. Entre eles estavam Manolo Pousada e Jorginho Sampaio, empresários de Daniela na época.

A música havia sido gravada por Gira de forma rudimentar em uma fita cassete, apenas com a voz acompanhada de batidas na porta de uma geladeira, como se fosse um instrumento percussivo. Com poucos recursos e sem condições de registrar com acompanhamento de um violão ou outro instrumento harmônico, naquela época os compositores de origem mais humilde de Salvador costumavam registrar suas canções assim, gravadas apenas com voz acompanhada na palma da mão ou no que fosse possível para dar o ritmo. No caso de "O canto da cidade", a falta de dinheiro era tamanha que, além de batucada em uma geladeira, a faixa foi gravada em uma fita e em um gravador emprestados por amigos de Gira.

O empresário e produtor Jorginho Sampaio foi quem primeiro percebeu o valor da canção e, segundo ele, tentou convencer Daniela a gravá-la. "Lembro que estávamos em algum show pelo interior do estado e apresentei para ela." De início ela não gostou, mas o empresário não desistiu.

> Viramos uma noite num processo de convencimento, ela não queria gravar. No último momento, falei: "Vamos fazer uma coisa? Mexa na letra da música. Eu me responsabilizo por convencer o compositor a fazer uma parceria.

---

29 Entrevista ao autor em janeiro de 2019.

> Não vamos perder essa música, acho ela muito forte, vai ser um *hit*".

Daniela topou e Sampaio conseguiu convencer Tote. "Sugerimos a mudança e a parceria, mas abrimos mão de todos os direitos autorais, toda a parte de grana ficou sendo dele, Daniela só teve o nome assinado", conta Sampaio. O compositor aceitou que fosse mudado um trecho da letra. "Eu não escrevi a canção com Daniela. Concedi a parceria. Isso é natural. A ideia era que a música ficasse um pouco mais nacional, menos regional", explica o compositor.

A cantora mergulhou na música, explicou que ia inserir algumas partes, mudar algumas coisas na letra.

> Fiz primeiro um laboratório com a letra, achei muito forte, o refrão e a abertura dela: "A cor dessa cidade sou eu/ O canto dessa cidade é meu". Achava a música muito bonita, grandiosa, mas tinha partes que eu queria ajustar.

Ela teve também de re-harmonizar a música, já que originalmente ela era só voz e batida. Daniela achava a composição muito cíclica, com a melodia repetitiva e parecendo um samba de roda. Trabalhou durante dois meses para achar um arranjo satisfatório.

> Eu e Cesário ficamos num pequeno estúdio tentando fazer arranjos para ela, para poder colocar, dar uma enriquecida em algumas partes, dar um colorido. Já com a banda, fomos buscando e testando rítmicas. É por isso que ela tem duas claves: a clave de samba-merengue na primeira parte e depois samba-reggae.

No final, além do arranjo, a música sofreu as alterações na letra, especificamente na segunda estrofe e na ponte.

A versão original dizia:

> O som que vem do tambor
> O canto que ecoou
> O chão, a praça e a cor bonita
> A mão que fez o Pelô
> O tom da pele na flor tem vida
> Ela é bonita
>
> Aê aê negro é Salvador
> Aê aê o verdadeiro amor

Já a versão alterada e finalizada por Daniela trazia:

> O gueto, a rua, a fé
> Eu vou andando a pé
> Pela cidade, bonita
> O toque do afoxé
> E a força, de onde vem?
> Ninguém explica, ela é bonita
>
> Uô ô verdadeiro amor
> Uô ô você vai onde eu vou

Com as mudanças, a música perdeu algumas das partes mais fortes da letra, com a retirada de palavras e expressões como "tambor", "tom da pele" e "negro é Salvador". No entanto, mesmo com as alterações a essência da letra não foi totalmente perdida. Ainda é uma música afirmativa, que traduz o desejo estético do álbum de apresentar Salvador e seu povo negro. Gira comenta:

> A música fala da história de uma cidade negra. Era para chamar a atenção na época para o que

a negritude e o pessoal do gueto estavam produzindo musicalmente. Era para despertar para essa produção e criação de matriz africana, que era produzida em Salvador, na minha comunidade da Santa Cruz, no Nordeste de Amaralina. A ideia era dizer que não precisava de tanta agressão, tanta discriminação, tanto preconceito, porque, independentemente de qualquer coisa, o negro fazia algo interessante e importante para a humanidade, principalmente dentro de nossa cidade.

Muito tempo depois, o compositor passou a enxergar aquelas mudanças com outros olhos:

> Pra mim, foi um processo de embranquecimento da canção. Na época não havia ainda um despertar meu em relação a isso, mas tudo bem, ainda sou da linguagem "é melhor comer caviar junto do que merda sozinho". Sou uma pessoa aberta, acho que a música é livre, tem que ser aberta mesmo, qualquer coisa que venha acrescentar.

Daniela topou, Tote Gira topou, mas havia outro problema: a gravadora não se animou com a música. A ideia era que "O canto da cidade" fosse a música de trabalho, mas a Sony preferia uma canção mais leve e romântica. Segundo a cantora, achavam a música arrogante: "Disse para eles que a música era muito forte e expressiva, que era um canto contra a discriminação, um canto da minha gente e que ela ia ser lançada de qualquer jeito".

A gravadora queria lançar "Rosa negra" como música de trabalho, mas a cantora se recusou e insistiu que o carro-chefe seria "O canto da cidade", mesmo que ela lançasse por si própria no Nordeste, onde já tinha enorme público. Ela conta:

> Disse que "Rosa negra" não tinha perfil de
> música de show. Não tinha força de música de
> lançamento, de abertura. "A gente vai lançar a
> música, se vocês não gostarem depois a gente
> vê no Rio-São Paulo." Eles ficaram apavorados
> e aceitaram.

A música "O canto da cidade" chegou às rádios do Norte e do Nordeste no dia 14 de agosto de 1992. Daniela já vinha de um sucesso anterior e a receptividade em relação à nova canção foi espontânea. Mesmo que muitas rádios achassem que o momento para aquele tipo de sonoridade já havia passado, a música começou a fazer sucesso com o público das emissoras daquelas regiões e passou a ser de fato a música de trabalho do disco. Em pouco mais de quatro meses, tornou-se a terceira música mais tocada do ano em todo o país.

Indicada a três categorias no Prêmio Sharp de 1993, Daniela acabou ganhando nas de melhor cantora regional e música do ano, com "O canto da cidade". Nessa última categoria, a conquista foi ainda maior, já que a canção concorria com todos os outros gêneros, disputando com nomes como Gilberto Gil. Ainda em 1993, a música ganhou uma regravação de peso, com o maestro norte-americano Ray Conniff incluindo uma versão dela em seu álbum *Latinisimo*, no qual faz uma homenagem à música latino-americana.

O sucesso da faixa catapultou o disco e a própria carreira de Tote Gira. Na sequência, o compositor teve músicas gravadas pelas bandas Cheiro de Amor ("Me ama"), Relógio ("Levada do tambor" e "Negra cor"), Mel ("A mulher e o assalariado"), Harmonia do Samba ("Melô da escolinha"), entre outras. Foi para os Estados Unidos, onde integrou a companhia Dance Brazil, em Nova York. Por lá, teve uma longa carreira como autor de trilhas sonoras de espetáculos de dança e gravou seu primeiro disco solo, *Pivete*.

Gira considera que, como compositor de uma música que alcançou tamanho sucesso, não recebeu o suficiente:

> Ganhei dinheiro, mas não tão significante para a proporção do que a obra alcançou. Recebi alguma coisa, mas nada que resolva a vida. Infelizmente, a situação para o autor no nosso país é bastante complicada. Se fosse uma música editada na Europa, nos Estados Unidos, o cara não precisava fazer mais nada, mas no Brasil não é o que as pessoas que estão de fora imaginam.

De fato, o sucesso da música teve proporções gigantescas. Mesmo quase trinta anos depois, ainda é obrigatória nos shows de Daniela e, em tempos de *streaming*, é de longe a música mais ouvida da cantora no Spotify. Segundo o Ecad (Escritório Central de Arrecadação e Distribuição), foi também a mais tocada de Daniela entre 2015 e 2019 nos principais segmentos de execução pública – shows, TV e rádio.

"BATUQUE"

No início dos anos 1990, Rey Zulu já era um compositor aclamado no meio musical baiano por ter emplacado alguns dos maiores sucessos da axé music. São de sua autoria, por exemplo, clássicos como "Madagascar Olodum" e "Alfabeto do Negão", gravados pela Banda Reflexu's, e "Uma história de Ifá (Elegibô)", por Margareth Menezes.

Em paralelo, Zulu mantinha uma carreira solo. Logo em seu disco de estreia (*Minhas origens* – Polydor, 1989) emplacou dois *hits* nas rádios baianas, "Tia Núbia" (Rey Zulu/ Reizinho/ Jairinho) e "Venha me amar" (Rey Zulu). Esta última despertou o interesse de Daniela. "Acho Rey Zulu incrível. Gostava das músicas que ele fazia nos grupos de samba de São João, mas eu adorava quando ele cantava 'Venha me amar'. Achava maravilhosa", lembra ela.

O compositor colaborou no primeiro álbum da cantora com a música "Todo reggae", feita em parceria com Cabral, que foi um dos sucessos do disco. É a partir dela que veio "Batuque". As três músicas (além das duas, "Venha me amar") têm a mesma estrutura, são um tipo de reggae mais arrastado, com percussão mais presente. "Era aquilo que eu queria. Um samba com o reggae misturado. Ele tem a célula da cadência do samba junto com o reggae arrastado, mas tocado com repique", explica Daniela.

A cantora lembra que a batida do Ilê é muito próxima daquilo que Zulu fazia. "O samba do Ilê é mais lento, mais lamentoso, mais próximo do tradicional." Na construção do repertório de *O canto da cidade*, Daniela procurou alguns nomes que ela considerava importantes do universo da música baiana para formatar o álbum e mais uma vez se lembrou de Rey Zulu. Ele recorda:

> Ela me ligou querendo uma música minha, tipo "Venha me amar". Queria algo semelhante. Quando ela desligou, a inspiração veio na hora. Um amigo meu já tinha um refrão, falando de batuque, e eu peguei e completei. Transformei na música completa.[30]

Parte da inspiração da letra tem uma relação inusitada com o primeiro marido da cantora, Zalther Povoas, engenheiro eletrônico que na época era diretor de uma empresa de telecomunicações. "Viajei com a ideia de ela ser casada com um diretor da

---

30 Entrevista ao autor em agosto de 2020.

Telemar. Tinha a ver também com ligação telefônica, que foi como ela me convidou, e me inspirei nisso", conta. Os versos "Ah, oh, pode me telefonar/ Ah oh, liga pra esse meu cantar" têm origem aí. Outra inspiração citada por Zulu foi a própria Daniela, sua arte, sua música e a dança nos palcos. Daí vieram os versos "Dançando reggae te admirei/ Por seu sorriso me apaixonei". "Ela é muito risonha quando está cantando, tem aquele sorriso bonito, então tem toda essa viagem na criação da música. É uma historinha de amor. Fiz pensando em Daniela. Nem sei se ela sabe dessa história."

O batuque que dá nome à faixa se refere, claro, às batidas dos blocos afro, que faziam parte da essência da própria música e foram o que atraiu Daniela. Para levar a sonoridade das ruas para o estúdio, a música contou com a percussão de Ramiro Musotto, reforçada com os timbales de mestre Putuca e os repiques de Mestre Jackson.

O reggae arrastado, levado pelo repique, aparecia no primeiro disco, voltava com "Batuque" e regressaria em obras seguintes, como em "O reggae e o mar", outra vez com Rey Zulu, agora em parceria com Daniela Mercury, presente em *Música de rua* (Epic/ Sony, 1994). "Depois aparecem variantes disso em 'Nobre vagabundo', 'Beat lamento', 'Toneladas de amor' (todas de Márcio Mello). Nelas, incorporei também os atabaques", lembra Daniela.

Em *Balé mulato ao vivo* (EMI, 2006), ela repete a experiência. "Fiz a mesma coisa que tinha feito com 'Batuque', peguei a base do samba-reggae e coloquei em 'Não chore mais'."[31] "Batuque" foi a segunda música de trabalho do disco, uma das que foram lançadas também como *single*, tendo chegado ao primeiro posto das paradas no Brasil e alcançado sucesso em outros países. "Teve um país

---

31 "Não chore mais (No Woman, No Cry)" (Vincent Ford/ vers. Gilberto Gil).

em que vendeu mais de 500 mil cópias", diz Zulu. Em abril de 2021, o CD *single* era comercializado por cerca R$ 200 em *sites* como o Mercado Livre.

"VOCÊ NÃO ENTENDE NADA/ COTIDIANO"

Não era incomum os artistas da axé music fazerem versões de músicas de ícones da MPB. A Banda Mel já tinha regravado, por exemplo, "Nativo", de Antônio Carlos e Jocafi, e "Clareou", de Ivan Lins, Vitor Martins e Aldir Blanc, enquanto a Reflexu's fez versão para "Oração pela libertação da África do Sul", de Gilberto Gil, e "Pra não dizer que não falei das flores (Caminhando)", de Geraldo Vandré.

A própria Daniela Mercury, em seu primeiro disco, regravou "Geleia geral" (Gilberto Gil/ Torquato Neto). Para O *canto da cidade*, escolheu "Você não entende nada/ Cotidiano", uma das músicas da MPB das quais ela já vinha fazendo versões em shows. "A gente começou a testar e adaptar canções de samba nas batidas do Ilê Aiyê e Olodum para ver se funcionava e essa foi uma das que funcionaram." A ideia era adaptar o original para uma linguagem próxima ao que se fazia na Bahia. "Queria experimentar, pegar um samba tocado de forma tradicional brasileiro e tentar inserir ele no contexto do samba-afro, do Olodum e do Ilê, queria mostrar a diferença entre eles."

"Você não entende nada" é uma das músicas que Caetano Veloso criou quando estava exilado em Londres. Foi lançada primeiramente por Gal Costa em 1971, em um compacto que alcançou tamanho sucesso que a gravadora se viu obrigada a incluir a faixa no álbum *Legal*, de 1970, e prensar novas cópias. Na esteira do sucesso, a música ganhou várias outras versões, com Milton Banana, Conjunto Nosso Samba, The Pops, Orquestra Som Bateau e André Penazzi.

Foi em 1972, na volta do exílio de Caetano, que a canção ganhou a primeira versão do próprio autor. Era o encontro do artista baiano com Chico Buarque, dois grandes ídolos populares, em um show especial no Teatro Castro Alves, em Salvador. A apresentação gerou o disco *Caetano e Chico: Juntos e ao vivo* (Polygram/Philips, 1972), um dos mais vendidos e tocados daquele ano. Na ocasião, eles juntaram "Você não entende nada", de Caetano, com "Cotidiano", de autoria de Chico, em uma só faixa.

As duas composições tinham algo em comum, um sabor de contestação e insatisfação com a realidade maçante e repetitiva vivida pela classe média naquele período. Daniela escolheu regravar justamente aquela versão que fundia a música de Caetano com a de Chico, fazendo dela, vinte anos depois, novamente líder das paradas. A regravação, no entanto, incluiu apenas a expressão "todo dia" da música de Chico, que entrou no refrão. Todo o restante da letra de "Cotidiano" ficou de fora. A música ganhou um videoclipe com participação de Caetano para a TV Globo, incluído no DVD comemorativo de 15 anos de *O canto da cidade*.

"BANDIDOS DA AMÉRICA"

"Pedi uma música para Jorge Portugal, porque eu andava muito com ele, Wally Salomão e Ildásio Tavares. A gente era amigo, conversava muito sobre MPB, política e outros assuntos e resolvi pedir uma música", lembra Daniela. Professor de língua portuguesa e compositor, Jorge Portugal (1956-2020) já havia emplacado composições, ao lado de diversos parceiros, com importantes nomes da música brasileira.

A primeira foi uma parceria com Raymundo Sodré, "A massa", que foi um dos destaques do

Festival MPB 80, realizado em 1980 pela TV Globo, e fez muito sucesso nacionalmente. Alguns anos depois, em 1985, emplacou outra música em um festival da mesma emissora, desta vez "Caribe, calibre, amor", com Roberto Mendes, que se tornou um parceiro frequente. Em 1983, Maria Bethânia lançou "Filosofia pura", outra parceria Mendes/ Portugal, gravada em dueto com Gal Costa no álbum *Ciclo*. Em 1985, gravou outras duas da dupla: "A beira e o mar" e "Esse sonho vai dar". Tânia Alves obteve grande sucesso com outra no mesmo ano, "Amor de matar", que integrou a trilha sonora da minissérie global *Tenda dos Milagres*. No Carnaval baiano, Portugal também já havia emplacado uma parceria sua com Lazzo Matumbi, "Alegria da cidade", sucesso na voz de Margareth Menezes que se tornou um *hit* do festejo.

Letras escritas por ele e musicadas por parceiros também fizeram parte de discos e repertórios de outros artistas ligados ao Carnaval de Salvador, como Banda Mel, Sarajane e Marcionílio. Não foi à toa que ele integrou o rol de compositores presentes em *O canto da cidade*. O tom de crítica político-social e racial presente em várias de suas músicas aparecia como base de "Bandidos da América", uma de suas poucas composições sem parceiros.

Com referências aos 500 anos do Brasil e ao clássico *Cem anos de solidão*, de Gabriel García Marquez, a faixa é a mais evidentemente política do álbum. Em poucos versos, trata da colonização europeia e da exploração dos povos indígenas e, especialmente, dos negros africanos, ressaltando sua ligação com Salvador. Foi outra música do disco a figurar entre as mais tocadas nas rádios, chegando a alcançar a 21ª posição.

"GERAÇÃO PERDIDA"

Mais uma letra de teor claramente político, desta vez de autoria da própria Daniela. "Apesar de ter alguns compositores assinando comigo, a música é minha. Porque eu tinha mania de dar a composição para quem me ajudava no arranjo." A cantora presta uma homenagem à geração de seus ídolos, vítimas de censura e de perseguições com o golpe militar nos anos de 1960. "Eu a compus para falar da ditadura. Assistia a todos os filmes e lia todos os livros sobre a ditadura. Tinha acabado de ler *1968: O ano que não terminou*, de Zuenir Ventura, e em seguida fiz a música", conta. A ideia era traduzir o sentimento de medo da geração da artista, que nasceu durante os anos da ditadura e ainda sofria as consequências daquele regime.

"Nasci em 1965 e entrei na universidade em 1984. O medo foi o sentimento mais forte de minha infância e juventude. Viver em um país autoritário sem liberdade de expressão é o mesmo que estar em uma prisão." A letra faz diversas referências ao período e a seus ídolos Caetano Veloso, Gilberto Gil e Chico Buarque, que, segundo ela, ao lado de Milton, ensinaram-lhe o valor da democracia e da liberdade. "Se você perceber a letra, quando eu falo 'Artistas moviam a terra com seu choro e partiam', estou me referindo a Caetano, Gil e Chico, que tinham sido exilados."

"SÓ PRA TE MOSTRAR"

Nos anos de 1980, Os Paralamas do Sucesso iniciaram sua trajetória e começaram a circular por todo o país para apresentações, obtendo logo grande popularidade. "Quando chegamos à Bahia, naquele momento a cena local estava efervescente e logo nos conquistou. Os blocos afro foram uma surpresa enorme. Mexeu conosco de verdade", conta Herbert Vianna[32].

Segundo ele, após o álbum *Selvagem?*, de 1986, também produzido por Liminha, a música do grupo passou a ter uma ligação com o que acontecia no estado nordestino, especialmente com "Alagados", que os aproximou ainda mais da cena baiana. "Tudo aquilo entrou no nosso caldeirão de ideias e conceitos musicais, junto com o reggae e a música africana, que também vivia um bom momento."

A sonoridade dos ritmos afro-baianos estaria presente em outros discos e músicas da banda, incluindo uma regravação de "Jubiabá" (A. Robert/ L. Kitchner/ vers. Gerônimo) e a parceria de Herbert com Carlinhos Brown, "Uma brasileira". Ainda no início dos anos 1990, no começo da carreira de Daniela Mercury, Herbert conheceu a cantora em um show que ela abriu para os Paralamas em Feira de Santana. "Naquele momento, a sua música e o talento de cantora me chamaram a atenção."

Herbert acabou se aproximando e se tornou um importante colaborador nos dois primeiros discos de Daniela e em discos de outra cantora da axé music, Ivete Sangalo (uma das canções gravadas por Ivete, "Se eu não te amasse tanto assim", obteve grande sucesso). Foi uma espécie de retribuição. Herbert assimilou os ritmos afro-baianos, sendo bastante influenciado por eles, e, em contrapartida, compôs marcantes baladas românticas para as cantoras baianas.

A primeira contribuição foi com "Milagres", incluída no disco de estreia de Daniela. Para *O canto da cidade*, a cantora pediu uma nova música para Herbert. "Eu já estava numa gravadora maior, então isso dava uma perspectiva maior pra

---

32 Entrevista ao autor em agosto de 2020.

ele também", conta Daniela. Liminha e a cantora convidaram Herbert para também participar da gravação do disco. Ele topou e acabou gravando guitarra e cantando ao lado de Daniela na faixa. Depois participou ainda do videoclipe da canção com a cantora (registro incluído também no especial feito pela TV Globo, em 1992, e no DVD de comemoração dos 15 anos de *O canto da cidade*). O músico lembra:

> A parceria fluiu naturalmente, nada racional. Tudo intuitivo. Sempre tivemos uma conexão boa, desde o primeiro momento. Por isso acho que fomos tão bem-sucedidos nesta parceria artística. Foi um prazer e depois um sucesso.

Seguindo a fórmula vitoriosa de outras baladas de Herbert com os Paralamas, como "Lanterna dos afogados" e "Tendo a Lua", "Só pra te mostrar" se tornou um dos maiores *hits* do álbum. A música fez parte também da trilha-sonora da novela global *Renascer*.

Quinto *single* e terceiro maior sucesso do disco, a faixa chegou a atingir a nona posição das paradas e fechou o ano de 1993 entre as 100 mais tocadas das rádios brasileiras. Contribuiu muito para a vendagem do disco, mas também para estabelecer Daniela não apenas como uma cantora de axé music e de "ritmos regionais", mas também como uma grande intérprete da música brasileira.

"O MAIS BELO DOS BELOS (A VERDADE DO ILÊ/ O CHARME DA LIBERDADE)"

Se a música que abre o disco é a síntese de *O canto da cidade*, "O mais belo dos belos" é a que melhor exemplifica o movimento que os blocos afro promoviam na música baiana. Com uma letra que trata do orgulho negro e com a percussão mais vibrante do álbum, a faixa traz a ambiência das quadras e dos desfiles do Ilê Aiyê.

Talvez nem todo mundo saiba ou perceba, mas "O mais belo dos belos" é a junção de duas composições diferentes feitas para o bloco: "A verdade do Ilê" e "O charme da liberdade". A história por trás da faixa reúne a habilidade de Daniela em mesclar as duas obras originais, a criatividade de Ramiro Musotto em transpor a percussão no estúdio e a inventividade dos compositores.

A primeira das músicas, "A verdade do Ilê", é de autoria de Agnaldo Pereira da Silva, mais conhecido como Guiguio, um dos principais nomes da ala de canto do bloco e um dos mais antigos cantores de blocos afro em Salvador. Referência de Daniela na condução à frente da percussão, ele seria regravado por ela em outros de seus discos. "Por amor ao Ilê" e "Ilê Pérola Negra (O canto do negro)", dele com René Veneno e Miltão, foram as duas principais. Ainda obteve grande sucesso com a Banda Eva e Ivete Sangalo, com "Adeus bye bye" (Guiguio/ Juci Pita/ Chico Santana). Além do Ilê, grupo pelo qual se tornou um ícone, o cantor e compositor, em seus quarenta anos de trajetória, passou por outros blocos, como Badauê, Apaches do Tororó e Olodum.

Foi justamente um entrevero com o Olodum que o motivou a escrever "A verdade do Ilê". "Ouvi de um compositor do Olodum que a ala de canto do Ilê era velha e que não tinha muito para dar, daí eu fiz a música."[33] Em seu registro, Daniela canta apenas parte da composição, a estrofe "quem é que sobe a ladeira do Curuzu?/ E a coisa mais linda de se ver?/ É o Ilê Aiyê/ O mais belo dos belos/ Sou eu, sou eu/ Bata no peito mais forte/ e diga: eu sou Ilê",

---

33 Entrevista ao autor em agosto de 2020.

que abre e fecha a gravação. A original, no entanto, trazia ainda outros versos:

> Prenúncio de uma nova era, tantas coisas se passaram e eu estou aqui
> Catorze anos de vida embelezando a natureza, Carnaval tá aí
> Não propague meu nome, não esqueça que você também é filho meu
> Se algo aprendeu, não te esqueça, filho meu, quem te ensinou fui eu
> Onde já se viu carro na frente dos bois se locomover
> Pegue seu destino, porém não se esqueça, eu sou Ilê Aiyê.

A formatação de "O mais belo dos belos" tem, no entanto, origem na composição de Adailton Poesia e Valter Farias, "O charme da liberdade". Quando apresentou a nova música em um dos concursos do Ilê Aiyê, a dupla já tinha algumas canções de sucesso, como "Reggae dos faraós", com o Olodum, em 1987, e outros trabalhos gravados por artistas de ponta da música baiana. Em 1992, além da canção com Daniela, a dupla emplacou "Deusa do amor", com o Olodum, e "A flor do Olodum", com a Banda Mel. De origem humilde, Adailton e Valter passaram por diversos pequenos empregos, mas foi na música que se encontraram, produzindo juntos mais de quinhentas canções. Naquele início, faltava ainda uma música para o Ilê Aiyê.

Segundo Adailton, "O charme da liberdade" foi feita por ele em uma tarde. "Tinha que pintar uma parede gigante onde eu trabalhava e estava na cabeça que tinha que fazer uma música para o Ilê."[34] Assim como Tote Gira, ele conta que fez tudo sem nenhum instrumento. "A maioria das músicas

---

34 Entrevista ao autor em agosto de 2020.

dos blocos afro foi feita na palma da mão, em mesa de bar e na coxa. Eu só faço assim." Sem nunca ter aprendido a tocar, aquela, em específico, foi diferente. "Essa eu nem precisei bater o ritmo na coxa, porque eu estava com as mãos ocupadas", conta aos risos. "Veio tudo junto, letra e melodia."

Para ele, compor para bloco afro, principalmente o Ilê, é mais fácil:

> Os blocos afro são diferentes entre si, tanto na musicalidade oral quanto na batida. Cada bloco tem sua batida. A do Olodum é diferente da do Ilê, que é diferente da do Muzenza. Alguns fazem samba-reggae mesmo, mas o Ilê é um samba-chula, uma mistura de samba com a chula africana, mais cadenciado. Então você já compõe pensando na levada.

O Ilê Aiyê estava prestes a completar 18 anos, uma data importante para o bloco, e aquele foi um dos estímulos encontrados pelo compositor. "Como vou falar do Ilê? O que ele representa pra mim? Pensei naquelas negonas do Ilê, elas já são bonitas, dentro do bloco ficam ainda mais e ficam tirando onda dizendo 'não me pegue e não sei o que...'." Adailton se referia a uma música antiga do bloco, que dizia "Não me pegue, não me toque, por favor não me provoque, eu só quero é ver o Ilê passar" ("Depois que o Ilê passar", de Miltão), que acabou sendo base e inspiração para os versos do refrão de "O charme da liberdade".

> Essa "liberdade" de que falo na letra tem dois sentidos: do bairro e de libertação. A liberdade de ser negro liberto, mesmo que seja só naquele momento que você está dentro do bloco. O charme, porque o Ilê é um bloco charmoso na avenida, que todo mundo quer ver.

Refrão pronto, Adailton registrou no gravadorzinho e voltou para a pintura da parede e para a criação das estrofes. Nelas, quis ressaltar aspectos importantes relacionados ao bloco, "sempre combinando com a linha métrica do refrão".

Os versos da canção falam do arrependimento de quem vê o bloco passar e se lamenta por não tê-lo acompanhado, dos 18 anos de glória comemorados naquele ano de 1992, da saída do Ilê no Curuzu no sábado de Carnaval, da beleza das mulheres negras, e, claro, da banda e da percussão. "O Ilê é completo, é voz, é indumentária, é religiosidade e é banda e canto. Se não fosse a percussão não seria tão bonito quanto ele é."

Depois de pronta, Adailton a apresentou a Valter, que ajeitou o que precisava e na hora pensou em Guiguio para cantar.

> Apresentamos a música para ele, mas, antes do festival, ninguém da ala de canto podia defender uma música que fosse concorrer. Então eu e Valter a inscrevemos no ensaio e cantamos juntos. Naquela época, o que fazia a música ganhar força eram as pessoas cantando no fundo do ônibus, as festas de largo e os próprios ensaios. Naquele tempo, o povo já saía dos ensaios com a música na cabeça.

Com a música lançada, a dupla cantou em vários ensaios até o dia do festival. No dia da final, a comissão julgadora, porém, escolheu outra música, e "Charme da liberdade" ficou em segundo lugar. "Não sei se houve cambalacho, mas a música que foi campeã não merecia. O povo se revoltou e eu também. Fiquei indignado. Mas um casal rastafári chamou a gente e disse que nossa música seria um sucesso." Mesmo não sendo a vencedora, Guiguio pegou a música e passou a cantar nos ensaios.

Daniela, que já participava dos eventos dos blocos dando canjas, conheceu a música e começou a cantar. "Ela já cantava o refrão, mas não sabia o corpo da música."

Na montagem do repertório, a produção da cantora procurou o Ilê Aiyê para saber de quem era aquela canção. Guiguio, que era o cantor dela no bloco, foi convocado para apresentá-la para Daniela e equipe. Acabou aproveitando a oportunidade e apresentou algumas de suas próprias composições. Entre elas "A verdade do Ilê", que agradou especialmente pelo refrão.

Jorginho Sampaio lembra que as músicas eram tão boas que a solução foi juntar as duas numa espécie de *medley*:

> Foi muito a mão de Daniela, o talento dela. Ela fez a coisa ficar como se fosse uma música só. Se você não prestar muita atenção, não for muito a fundo, você nem vê que é uma junção. Ficou genial, com uma força, uma pujança muito grande.

Mesmo sem uma das partes de sua música, Guiguio concorda. "Daniela organizou a música muito bem. Mesclou duas composições que dialogavam e que acabaram soando como se fossem a mesma." Adailton, no entanto, não ficou muito satisfeito:

> Pegaram a nossa música toda, as três estrofes e o refrão, e juntaram ao refrão de Guiguio. Isso não era pra acontecer, mas aconteceu. Porque naquele tempo a gente não tinha experiência e também porque era a oportunidade de estar bem, de ser gravado por Daniela Mercury. Quem não queria?

Problema ainda maior ocorreu na hora da assinatura dos direitos autorais da música. Adailton comenta:

> Quando foi para fazer a assinatura do contrato, ficou dividido. Isso hoje, porque inicialmente Guiguio até recebia mais, já que a música começa e termina com o refrão dele. Mas o corpo é todo nosso. Depois de muito tempo a gente foi lá e contestou. Fizeram outro contrato e botaram 33% pra cada. Como se fossem três autores. Perdemos muita coisa por isso, fomos levados pela inexperiência. Poderíamos ter reivindicado, mas veio o disco e aí a música bombou.

A música de fato foi um sucesso, o segundo maior do disco, chegando a ficar entre as dez mais tocadas das rádios brasileiras em 1993. Além das junções das composições e da interpretação de Daniela, ela teve ainda o tempero especial na gravação. A forte percussão, que remete aos blocos afro, parece uma bateria completa, mas é fruto do trabalho de Ramiro Musotto. Ele usou suas habilidades com percussão e programação, além da ajuda de Mestre Prego, para captar a sonoridade rítmica típica do Ilê. Com poucos elementos, conseguiu transportar para o estúdio e para o disco o samba-afro, baseado em surdo e repique, produzido nas quadras e nas ruas por dezenas de percussionistas. "Soa como se fosse o Ilê Aiyê inteiro", diz Daniela.

"O mais belo dos belos" ajudou no sucesso do disco e contribuiu para impulsionar o fenômeno em que se transformou Daniela. Também teve reflexos na vida e na carreira dos três compositores da música. "Pra mim, escancarou as portas que já estavam meio abertas com as músicas que tinha feito. Como compositor periférico foi ótimo, conquistei reconhecimento nacional", conta Adailton.

Apesar das questões com a divisão da autoria, a música deu prestígio, e também dinheiro:

> Ter uma música gravada por Daniela Mercury, executada em 80% a 90% dos shows, ajuda muito. Hoje "O mais belo dos belos" e "Deusa do amor" nos sustentam, a mim e à família de Valter (falecido em 2020). Se eu tenho o que tenho, agradeço às duas, são o que me mantém. Foi bom de reconhecimento e bom financeiramente também.

Guiguio também reconhece a importância da música em sua trajetória:

> Recebi uma grana, que até então não era uma realidade pra mim, reconhecimento como compositor, e me tornei mais popular. Daniela sempre fez questão de exaltar minha importância e por isso tenho muita admiração por ela até hoje.

"ROSA NEGRA"

Outra música que teve origem nos blocos afro soteropolitanos foi "Rosa negra". Desta vez foi o Muzenza, que já havia sido cantado por Daniela no *hit* "Swing da cor" (Luciano Gomes), em seu disco de estreia. Daniela não foi a primeira a dar visibilidade a obras com origem no Muzenza. Além dela, outras músicas do bloco já haviam sido sucesso no universo da axé music e fora dele, como "A Terra tremeu" (Sacramento), gravada pelos Novos Bárbaros em 1987 e por Maria Bethânia no ano seguinte, e "Brilho de beleza" (Nego Tenga), gravada por vários artistas, como Gerônimo, em 1987, e Gal Costa, em 1990.

Assim como o Ilê Aiyê, o Muzenza também tinha origem no bairro da Liberdade, tendo surgido em 1982 como um tributo ao jamaicano Bob Marley. Como vimos, Daniela já tinha uma relação com o bloco. Apresentada por um dos diretores do Muzenza, Janílson Rodrigues, o Barabadá, chegou a cantar em ensaios.

Depois do sucesso de "Swing da cor", seria natural que procurasse outra música no bloco. A escolhida foi "Rosa negra", música mais romântica, que tentava fugir do tema do sofrimento do povo negro. "A gente só fazia música dizendo que o negro apanhou, que negro tomou chicotada. Tinha que mudar para poder internacionalizar e fazer nossa música funcionar na grande mídia", diz Jorge Xaréu.

Xaréu fez "Rosa negra" pensando no modismo da época. "O Olodum, o próprio Ilê Aiyê e o Malê Debalê já vinham com um novo modo de composição. Precisávamos também de uma outra música." Naquele período, o Olodum já era conhecido mundialmente por conta de sua contribuição em trabalho com Paul Simon, e fazia sucesso com músicas como "Canto ao pescador", enquanto a Banda Mel repetia o sucesso de "Prefixo de verão" com "Baianidade nagô". Xaréu queria seguir naquele caminho e pensou em uma música que atraísse as pessoas até para participar mais dos ensaios do bloco.

"Tinha que colocar uma coisa na moda, uma linguagem fácil, com uma harmonia fácil, que qualquer músico tocasse." O bloco começou a cantar a música nos ensaios, todos os domingos, no bairro da Liberdade. "Quando o povo abraçou a música, o Barabadá, inteligentemente, mostrou a Daniela." Com um teor romântico, sem deixar de citar a cultura dos blocos afro, a canção se encaixou perfeitamente na proposta do disco, de tornar universal aquela sonoridade tão tipicamente baiana.

> Daniela é uma cantora muito criativa, botou o jeito dela na música. Alterou o modo de cantar e o andamento e colocou até os "be-baps" do jeito dela. Ela canta no disco como se fosse em um ensaio do Muzenza, não diferenciou.

Como "Swing da cor", a canção contribuiu para dar visibilidade e respeito ao Muzenza, até mesmo diante dos órgãos públicos, o que permitiu que o bloco participasse mais facilmente de eventos culturais como Lavagem do Bonfim, Festa de Santa Bárbara, Dois de Julho e até do próprio Carnaval.

"VEM MORAR COMIGO"

Para seu álbum de estreia, Daniela Mercury só compôs duas músicas. Uma com Marinho Assis, "Tudo de novo", e outra uma parceria com Durval Lelys, "Vida é", que se tornou uma das faixas mais bem-sucedidas do disco. Para *O canto da cidade*, ela decidiu convidar para uma nova parceira o então líder da banda Asa de Águia. Ele já era um nome estabelecido no cenário musical baiano e começava a despontar nacionalmente com sua banda. No período da parceria com Daniela, já tinha emplacado no Carnaval de Salvador músicas como "Bota pra ferver", "Qual é?", "Padang Padang" e "Com amor".

Dentro da proposta de dialogar com a diversidade da música pop baiana de carnaval, Daniela apostou no misto de rock e frevo, que marcava o trabalho de Durval. Ele conta:

> Daniela me chamou pra fazermos uma nova música juntos, mas 80% da música foi dela. Ela sempre foi muito direcionada, já tinha a ideia do que queria. Eu entrei apenas com o tempero do violão, algumas palavras. Ela escrevia muita

poesia, já tinha um rascunho. Ela cantarolava os versinhos e eu peguei o violão, saí modulando e dei umas ideias de letra.[35]

O resultado foi uma canção que trazia o carimbo do cantor e compositor, na levada que já marcava seus trabalhos, mas com a cara de Daniela. Mesmo não sendo das mais badaladas no período de lançamento de *O canto da cidade*, a música está entre as mais tocadas da cantora no período entre 2015 e 2019 nos principais segmentos de execução pública (shows, TV e rádio), segundo o Ecad (Escritório Central de Arrecadação e Distribuição). "Vem morar comigo" é a 12ª da lista. Ela e "O canto da cidade" são as únicas do álbum entre as vinte mais executadas.

"EXÓTICA DAS ARTES"

Quando fizeram essa música, Armandinho e Edmundo Carôso já tinham histórias importantes e antigas ligadas ao Carnaval baiano. Armando Macedo era a "cria" mais ilustre de Osmar Macedo, inventor do trio elétrico ao lado de Dodô. Guitarrista exímio, ex-integrante do grupo A Cor do Som, estampava seu nome no trio da família, era um dos compositores de vários clássicos da festa em Salvador e se tornou nome fundamental da música na Bahia.

O escritor e poeta Carôso é autor de várias músicas ligadas ao Carnaval soteropolitano, gravadas por nomes como Lui Muritiba, Ara Ketu, Jammil e Banda Eva. Seu maior sucesso é "Cometa mambembe" (Carlos Moura/ Edmundo Carôso), sucesso nas vozes de Carlos Moura (1982) e Carlos Pitta (1986), canção que se tornou um clássico do

---

35 Entrevista ao autor em setembro de 2020.

Carnaval baiano, sendo bastante tocada até hoje. Ele foi também parte importante na primeira banda de Daniela Mercury, a Companhia Clic, assinando diversas músicas nos primeiros discos.

"Exótica das artes" acabou trazendo mais esses dois importantes nomes do Carnaval de Salvador para O canto da cidade. No entanto, a parceria e a própria inclusão da música aconteceram de forma inesperada. No início dos anos 1990, Carôso integrava o júri de um prêmio de música na Bahia e se encantou pelo trabalho de um artista de Feira de Santana, o *reggaeman* Dionorina. De longa relação com Daniela e sabendo que ela montava repertório para o segundo disco, pensou em apresentar uma música de Dionorina, "Altíssima canção", para a cantora.

Na mesma época, o autor estava mergulhado em um trabalho burocrático e rentável para um grande pecuarista baiano, quando surgiu a inspiração para uma nova letra. "Foi um ímpeto fazer uma coisa tão bonita em meio um momento tão inapropriado que era a execução daquele serviço." Depois de escrita, resolveu mostrar a letra para Armandinho, de quem se aproximara havia pouco tempo. "A gente se conhecia, mas nunca tinha feito nada juntos."[36] Depois de apresentar a letra, marcaram um segundo encontro.

"Quando cheguei à casa dele, e ele me mostrou a música pronta, me arrepiei. Ele tocou com a guitarra desligada mesmo, uma coisa linda. Fiz um registro disso e levei o cassete para casa." Inicialmente, Carôso pretendia apresentar somente a música de Dionorina para Daniela, mas acabou também gravando sua própria criação na mesma fita.

---

36 Entrevista ao autor em agosto de 2020.

> Mostrei "Altíssima canção", ela ouviu, voltou, ouviu de novo. Quando coloquei "Exótica das artes" ela ficou em silêncio. Comecei a olhar pra ela para ver a reação e ela começou a chorar, sem fazer nenhuma expressão. As lágrimas desceram durante toda a canção.

Segundo Carôso, é uma canção simples de amor, mas Armadinho a transformou e fez uma grande versão. "Daniela fez uma ótima gravação, mas a grande interpretação da música foi a de Armandinho." Ele lembra que Daniela chegou a mudar um dos versos da última estrofe para se encaixar melhor no seu estilo. "Ela é criativa e talentosa cantando e escrevendo também, mexeu muito bem na música." Última a entrar no disco, a faixa é um frevo-rock que dialogava com a música que Armandinho sempre fez, com as guitarras que delineavam o frevo elétrico em diálogo com o rock mundial e brasileiro. Mais um tempero do local e universal presente no disco.

"RIMAS IRMÃS"

Apesar de já ter músicas gravadas por diversos artistas, Carlinhos Brown ainda não era tão conhecido nacionalmente quando Daniela o incluiu no repertório de *O canto da cidade*. Na Bahia, ele já havia se destacado como percussionista, em bandas como Acordes Verdes, mas era principalmente como compositor que ele havia emplacado diversos sucessos. Em 1985, chegou a receber o Troféu Caymmi, por ter 26 músicas tocadas nas rádios de Salvador.

Inicialmente, Brown criou *hits* para nomes da axé music como Luiz Caldas, com "Visão do ciclope" (Luiz Caldas/ Jeferson Robson/ Carlinhos Brown); Chiclete com Banana, com "É difícil" (Carlinhos Brown) e "Selva branca" (Carlinhos Brown/ Vevé

Calazans); Sarajane, com "Cadê meu coco" (Carlinhos Brown) e "Vale" (Carlinhos Brown/ Paulinho Camafeu); Asa de Águia, com "A gente pede festa" (Durval Lelys/ Carlinhos Brown); além de Marcionílio, Carlinhos Caldas, Virgílio, entre outros.

Começou a aparecer nacionalmente, ainda como percussionista, se apresentando com nomes como João Gilberto, Djavan e João Bosco. Como compositor, começava a despontar com músicas como "Armando eu vou" (Ricardo Luedy/ Carlinhos Brown), gravada por Cida Moreira, e que integrou a trilha sonora da novela *Cambalacho*; e "Remexer" (Luiz Caldas/ Carlinhos Brown), ambas em 1986.

No final dos anos 1980, Brown passou a integrar a banda de Caetano Veloso, que gravou "Meia lua inteira" (Carlinhos Brown) em *Estrangeiro* (Polygram, 1989). A música, que já havia sido registrada antes pelo Chiclete com Banana, tornou-se o primeiro grande sucesso nacional do artista, ajudada pela inclusão na trilha sonora da novela *Tieta*, da TV Globo.

Foi em meio ao surgimento de uma de suas mais proeminentes criações, a Timbalada, que começou a colaborar com Daniela Mercury. Ainda no primeiro disco, ela gravou "Todo canto alegre". Para o repertório de *O canto da cidade*, Brown recuperou uma das tantas músicas que tinha guardadas. "Eu tinha um acervo já, um repertório de canções pedindo voz. E 'Rimas irmãs' veio com essa ideia. A música nasce da força interna da oralidade que as palavras têm."

"Rimas irmãs" trazia a essência que marcaria a carreira de Brown, a ênfase no ritmo. Aqui, há uma autêntica miscelânea de ritmos, afros e baianos, ressaltados pela percussão de Théo Oliveira, Ramiro Musotto e Beto Resende. "'Rimas irmãs' trazia essa cadência de samba de roda, com o olhar na world music, em Manu Dibango, Salif Keita, entre outros que conversavam bem com aquele momento do mundo. E Daniela era muito bem preparada para isso", conta Brown.

A questão rítmica estava presente também na letra, especialmente na forma como utilizava o som das palavras e jogava com elas. Isso aparece desde o título da canção, até versos como "Pititinga barbeia a barba dos ingratos". Uma combinação de fonemas e expressões de origens diversas na língua portuguesa, que iam de elementos da cultura popular rural e urbana, como expressões e gírias, até referências ao candomblé.

Segundo Brown, a música surgiu no ambiente efervescente de Salvador, que ganhava corpo nos anos 1980 e iria desembocar na axé music.

> Éramos uma geração que tocava em barzinhos, dando respostas positivas a esse segmento e toda cadência de ensino e preparação musical que as noites nos davam. Depois das apresentações, quando os dias amanheciam, o desejo de aprender e as pesquisas continuavam e isso era uma força pujante para tudo que viria surgir.

Daniela passou a incluir músicas de Brown em quase todos os seus discos, com algumas delas se tornando grandes sucessos, como "Rapunzel" (Carlinhos Brown/ Alain Tavares), em *Feijão com arroz* (Sony, 1996), e "Maimbê Dandá" (Carlinhos Brown/ Mateus Aleluia), em *Carnaval eletrônico* (BMG, 2004), que também trazia "Charles Ylê" (Carlinhos Brown).

"MONUMENTO VIVO"

A última faixa do disco completava a conexão com o Carnaval de Salvador. Moraes Moreira

(1947-2020) foi o primeiro cantor de trio elétrico, compositor de inúmeros hinos da festa e um de seus principais nomes em todos os tempos. É autor, por exemplo, de clássicos como "Chame gente", com Armandinho Macedo, e "Chão da praça", com Fausto Nilo.

Em um encontro de Daniela com Moraes, ela falou do novo disco e pediu para gravar uma música dele que remetia ao final do Carnaval na quarta-feira de cinzas. A cantora lembra:

> Eu adorava aquela que dizia "tomando banho de mangueira/ na manhã de quarta-feira". Achava lindo aquilo. De manhã sentava lá na praça Castro Alves, e aquela mangueira molhando o povo, e o sol nascendo mais poético, mais lindo do mundo.

"Sempre fui louca por Moraes, a vida toda cantei repertório dele e de Armandinho. Eu disse pra ele: 'Pelo amor de Deus, me dê essa música pra eu gravar', ele respondeu que não, que iria fazer uma música pra mim." Cumpriu o prometido e Daniela recebeu uma composição inédita com aquele mesmo tema.

"Monumento vivo" seguia o mesmo estilo que marcou a carreira de Moraes. Era um frevo elétrico contagiante que falava da festa, do povo e de um de seus principais espaços, a praça Castro Alves, já cantada por Moraes em outros sucessos. A música era a segunda parceria dele com o filho Davi Moraes, então com 17 para 18 anos, que criou a melodia da primeira parte depois de assistir a um show de Daniela. Moraes a completou, fazendo a letra e toda a segunda parte.

"Foi mais uma música de meu pai homenageando a praça e seus encontros ecumênicos. Ele tinha isso de devolver a Castro Alves, a Jorge Amado, ao candomblé, aos blocos afro, o que eles ofereceram à Bahia", conta Davi[37]. Ele lembra como Moraes tentava contar a história do Carnaval em suas letras de música. Em "Momento vivo", ele fala da praça do poeta e de sua trajetória na festa, começando no pôr do Sol ("a sombra da mão se projeta"), varando a madrugada, recebendo os tradicionais encontros de trios e indo até o dia seguinte, ao meio-dia, com Sol forte e muito calor.

"Tinha um cara que botava mangueira para refrescar as pessoas na rua." Refrescá-las do calor e dos ânimos mais agitados, mas sem que ninguém pensasse em parar a festa. "Era uma disputa entre os trios para ver quem acabava por último." E vêm os versos da segunda parte: "Paz, tô querendo paz/ Tô querendo é mais/ Esquecer a mágoa/ ô ô ô ô/ Que calor que faz/ Que calor que faz/ Tô querendo água/ Água água água/ Pra matar a sede dessa multidão/ Água água água/ Pra lavar a alma e o coração".

Uma curiosidade: como *O canto da cidade* vendeu muito, os direitos autorais foram significativos, e Davi recebeu ali seu primeiro dinheiro vindo da música.

> Foi muito marcante. Eu vinha querendo montar um equipamento de guitarra melhor e com aquele dinheiro comprei o melhor sistema de guitarra. Então tinha o orgulho não só de ter uma música cantada por uma grande cantora, mas também de investir em meu próprio equipamento.

A música também era um atestado de que Moraes não tinha nada contra a axé music, como muitos acreditavam. "Em determinado momento, haviam tirado das rádios as músicas dele, de Armandinho, Dodô & Osmar, Chico Evangelista, Gerônimo,

---

37 Entrevista ao autor em agosto de 2020.

Missinho. Tiraram tudo que veio antes e botaram os artistas da axé music." Mas não havia uma mágoa com os artistas, ele só não se considerava parte daquele movimento. "Daniela ter gravado essa música já demonstra que ele não tinha nenhum ranço. Ele fez questão de compor pra ela, ficaram amigos." A música ainda seria relançada no ano seguinte pelo próprio Moraes, em seu disco *Terreiro do mundo* (Polygram, 1993).

6

RAINHA DO AXÉ

O canto da cidade foi um estrondo. Poucas vezes uma nova artista arrebatou o público brasileiro em tão pouco tempo. Lançado no dia 20 de setembro de 1992, o disco vendeu antecipadamente 75 mil cópias. Em um mês, já alcançava a marca de 140 mil, chegando ao topo das paradas de discos mais vendidos em todo o país e permanecendo por meses entre os dez mais, tanto em CD quanto em vinil.

Em abril de 1993, seis meses após o lançamento, ainda estava na primeira posição de mais vendidos, completando 27 semanas do Top 10. Fechou o ano como o álbum mais vendido do período, à frente de nomes como Roberto Carlos, Caetano Veloso, Raça Negra e Leandro & Leonardo. No total, o álbum vendeu mais de 2 milhões de cópias no Brasil. Algumas fontes chegam a falar de mais de 3 milhões de cópias. O certo é que ninguém esperava tamanho sucesso, nem mesmo a cúpula da Sony. "O sucesso veio muito rápido, as vendas dispararam. Eu não esperava tanto, mas sabia do potencial", diz Kilzer. "Eu só me dei conta que tinha conseguido quando vi a praça da Apoteose lotada para vê-la."

Poucas semanas depois do lançamento, Daniela iniciou uma temporada de shows no Olympia, maior casa de espetáculos de São Paulo na época. Em um curto período, fez 14 apresentações, com ingressos esgotados, recebendo um público total de cerca de 70 mil pessoas. No mês seguinte, estreou no Canecão, no Rio de Janeiro, levando cerca de 25 mil pessoas a oito shows. Em seguida lotou a praça da Apoteose, apresentando-se para mais de 35 mil pessoas. No final, foram mais de 130 mil pessoas apenas no circuito Rio-São Paulo. Em janeiro de 1993, voltou a Salvador para um show ao lado de Caetano Veloso, também com ingressos esgotados, para mais de 20 mil pessoas.

Para o jornalista Mauro Ferreira, o disco era caloroso e sedutor, mas o interesse foi amplificado pela comoção do incendiário show. "Eu diria que o impacto de *O canto da cidade* residia mais no show do que no disco em si. Daniela assombrou o público com uma força cênica explosiva."[38] Ele lembra como a apresentação no Rio marcou época. "Em 34 anos como crítico de música e show, nunca vi um momento como o da estreia do show no Canecão, a casa mais nobre da cidade. Estava completamente lotada. Hiperlotada, aliás." De fato, a apresentação foi um marco e contribuiu para o alvoroço em torno da cantora.

Os shows eram disputados, todos queriam ver quem era aquele novo fenômeno, inclusive personalidades da TV e grandes artistas da música brasileira. Daniela viveu ali alguns dos momentos mais marcantes daquele início de fama. Ela conta:

---
38 Entrevista ao autor em setembro de 2020.

> Começou a encher tudo, todo mundo prestando atenção e eu vendo todos os artistas que admirava muito ali presentes. Todos foram ao show. Chico Buarque foi, Caetano também, Marília Gabriela, um monte de gente assistiu. Num deles, Beth Carvalho me abraçou e disse: "Você devolveu o samba aos pés do Brasil".

Vendidos por um dos maiores produtores do país, Manoel Poladian, os shows eram verdadeiros espetáculos, com duas horas de duração, e tratados pela imprensa como "superproduções de acabamento impecável". Daniela cuidava de quase tudo: além de cantar e dançar, assinava direção, textos, cenários e grande parte dos arranjos. As apresentações eram marcadas por entradas triunfais, trocas de figurinos, efeitos visuais, performances com elementos cênicos e muita dança e coreografias. A iluminação trazia como novidade canhões de laser de efeitos geométricos e uma parafernália com 850 refletores. No palco, o tempo inteiro ela dançava e cantava, acompanhada por um trupe de 19 integrantes, mais os músicos e duas bailarinas-vocalistas, Suely Ramos e Stella Campos. Além das próprias músicas, apresentava um repertório que passeava por Olodum, Ilê Aiyê, mas também Legião Urbana, Gilberto Gil e *hits* do Carnaval baiano.

Daniela realizava no Brasil um formato de show próximo ao que já faziam grandes estrelas pop mundiais. Mesclava música, dança e um apuro cênico raro de se ver no país. "Não era só cantar, ela fazia a marcação de tudo. Montava um espetáculo que partia do movimento do corpo, da escolha do repertório ao show finalizado", diz Jussara Setenta, professora e pesquisadora de dança. Trazendo os conhecimentos de sua formação de dançarina, Daniela não apenas colocava foco na dança, mas a própria concepção do show tinha o corpo como elemento crucial.

> Ela só escolhia o repertório se o corpo dela dançasse, se aquela música tivesse sincronia de corpo e voz. Fazia arranjos específicos, tinha partes na música que ela alongava ou inseria elementos para ter coisas dançáveis, para ter mais movimentação.

A artista cuidava para que os diversos elementos presentes no palco favorecessem a ideia de grande espetáculo. "Ela alongava o cenário. A iluminação não era só canhão, tinha todo um tratamento cênico, cada momento destacando um músico ou um dançarino. O canhão de luz branca tinha tratamento, tinha uma discussão cênica com o iluminador." Jussara lembra de como Daniela se preocupava com os trabalhos dos outros artistas que levava para cena, sendo a dança sempre crucial: "O figurino tinha de ser leve para uma troca de roupa fácil e que permitisse dançar. Quando eram shows maiores, ela chamava mais gente. De fato, uma grande produção, ela precisava e era um diferencial".

Para a própria Daniela Mercury, a conjunção daquelas características contribuiu para seu sucesso:

> Acho que minha bagagem de MPB, minha capacidade de comunicação, minha paciência, meu cuidado, meu respeito aos mestres de samba, às músicas que eu fazia, aos músicos de Salvador, a consciência que eu tinha de que o que a gente estava fazendo era bom e o cuidado que eu tive em dialogar com a imprensa no Sudeste foram muito importantes para eu conseguir um respeito dentro do universo musical.

Ela ressalta também a capacidade artística no palco, cantando e dançando com uma bagagem já madura:

> Quando cheguei ao Sudeste com *O canto da cidade*, já era uma artista que estava no palco há muitos anos. Eu chamava atenção pela minha habilidade em lidar com o espaço, pelas roupas, pelas coreografias, por eu vir da dança, por ser uma mulher que tinha essas capacidades. Se você for ver, até então, quem é que tinha o melhor trabalho de corpo no palco? Era o pessoal da Blitz, Elba (Ramalho), mas não tinha ninguém que dançasse. E até hoje no mundo, é raro artista que dança e canta. É raríssimo. Tem Lady Gaga, Madonna, e na Europa quase não tem ninguém.

As apresentações de Daniela na esteira do lançamento do disco não pararam. Ela seguiu em turnê no ano de 1993 com mais centenas de shows, batendo recordes de público e atingindo mais de 2 milhões de espectadores em apresentações pelo Brasil apenas naquele ano. Alguns desses foram marcantes na carreira, como o que fez nas comemorações dos 439 anos de São Paulo, em 1993, no Vale do Anhangabaú, quando reuniu mais de 120 mil pessoas. Em Brasília, um megaconcerto no estacionamento do supermercado Carrefour recebeu cerca de 130 mil pessoas.

Naquele ano, ela deu início à carreira internacional. Estreou em Nova York esgotando os ingressos com três dias de antecedência. O clube The Ritz, em Manhattan, ficou lotado com mais de 2.700 pessoas e rendeu elogios da imprensa especializada. Em uma matéria sobre o show, o jornalista Peter Watrous escreveu no *The New York Times* como a apresentação era um espetáculo pop e autêntico.

> A sra. Mercury reuniu o pop internacional e a música regional brasileira com tanta sutileza e força que era difícil não imaginar, em um cenário fantasioso onde a América Central fosse

esquecida, que essa síntese de alguma forma tomaria conta do mundo. Usando todos os movimentos visuais e musicais de um show de arena, a sra. Mercury apresentou uma música absolutamente atualizada. Sintetizadores deram corpo ao som, levadas de guitarra de rock estavam espalhadas pelas canções e as luzes, que iluminavam Mercury no palco, eram mais profissionais do que na maioria dos shows do Ritz. Ao mesmo tempo, a música era impulsionada por uma bateria de samba viciante: batidas agitadas e fortes que implicitamente traziam elementos de antiguidade e regionalismo, dificilmente presentes na música pop. E o resultado não foi folclórico ou clichê.[39]

Em julho de 1993, Daniela foi uma das principais atrações brasileiras no prestigiado Festival de Jazz de Montreux, na Suíça. A revista inglesa *Vox* deu nota 8 ao disco e comparou Daniela a Margareth Menezes e a Marisa Monte[40]. Já a revista *Billboard* disse que:

> [...] o aspecto mais importante da popularidade selvagem de Mercury é que, como uma artista enérgica ao vivo, ela está se conectando com um público brasileiro politicamente e economicamente golpeado, que necessita desesperadamente de diversão.[41]

* * *

---

39 Peter Watrous, "Samba Meets Pop and the Crowd Goes Wild", *The New York Times*, 28 abr. 1993, seção C, p. 18

40 Tárik de Souza, "Mercury em alta", *Jornal do Brasil*, 11 mar. 1994, Caderno B, p. 2.

41 John Lannert, "Daniela Mercury Rising as Brazil's Hottest Artist", *Billboard*, 28 nov. 1992, p. 10.

Daniela foi conquistando espaços, abrindo novos caminhos e se consolidando como fenômeno nacional. Em 1992, ganhou um especial de fim de ano na TV Globo – note-se que esses especiais costumavam ser focados em Roberto Carlos e na música sertaneja. Isso era ainda mais incomum para uma artista em início de carreira, fazendo uma música até então considerada "regional". Segundo Jorge Sampaio, a iniciativa de fazer o especial partiu do diretor Roberto Talma. "Levei ele num show de Daniela e ficou encantado. Trabalhou lá dentro da Globo e conseguiu emplacar o programa."

Com direção do próprio Talma, um dos nomes fortes da emissora na época, o especial televisivo trazia como base um show realizado na praça da Apoteose, no Rio de Janeiro, em 1992. A ideia de fazer um registro naquelas dimensões gerava certo receio, pois era uma aposta muito alta. Só com a produção e a filmagem foram envolvidas trezentas pessoas. Jorginho Sampaio lembra que o presidente da Sony, Roberto Augusto, achava que aquilo não ia dar certo:

> Ele dizia que a Apoteose era muito grande. "Vai estragar tudo". Fiquei nervoso, mas Talma, tranquilo, dizia "vai dar certo, vai dar certo". E foi um espetáculo. Mais uma vez vi os ônibus parando e as filas intermináveis. A praça ficou lotada, não cabia mais ninguém, era uma coisa maluca.

Até mesmo a sempre segura Daniela Mercury se espantou com a dimensão que seu trabalho estava tomando. "Quando subi no palco da Apoteose, não entendia por que aquelas pessoas estavam ali cantando as minhas músicas. Pra mim era uma surpresa também."

O programa trazia uma mescla de cenas do show no Rio de Janeiro, com imagens dos lugares frequentados pela cantora em Salvador, entrevistas e imagens de bastidores e quatro gravações em estúdio com Caetano Veloso, Herbert Vianna e Tom Jobim, além de Gerônimo. Na parte gravada na Apoteose, o repertório reunia músicas dos dois discos de Daniela e *hits* do Carnaval baiano (Banda Mel e Olodum), além de citações a Dorival Caymmi e clássicos da música brasileira, de Gilberto Gil ("Toda menina baiana"), Legião Urbana ("Há tempos") e Raul Seixas ("Maluco beleza"). Contava ainda com participações do grupo Meninos do Pelô e do Ilê Aiyê.

Sempre intercalada com falas da cantora, a parte em estúdio reunia videoclipes com convidados especiais. Ambientada em um cenário que parecia de novela global, "Você não entende nada" trazia Caetano atuando como ator e sem cantar. Em outro clipe, Herbert Vianna repete a participação do disco em "Só pra te mostrar", composição de sua autoria. Já as outras duas são músicas famosas não presentes no disco. Tom Jobim aparece à vontade conversando e fazendo dueto em "Águas de março", enquanto o cantor e compositor Gerônimo surge com "É d'Oxum", dele e de Vevé Calazans.

A abertura do programa trazia uma cronologia de fatos marcantes na história do Brasil e da música no país até chegar àquele ano. "1992. Caras pintadas. Há um novo fenômeno musical no país: Daniela Mercury". De fato, um fenômeno. O especial foi ao ar em 15 de dezembro de 1992 e teve audiência estimada em 2 milhões de pessoas. Para comemorar os 15 anos do lançamento do álbum, o programa foi incluído no DVD *O canto da cidade – 15 anos*, lançado em 2008, e que trazia também uma edição remasterizada do disco, que chegava então ao 16º ano.

Em 1993, Daniela ganhou outro programa na Globo, também com direção de Roberto Talma.

Dessa vez foi o *Especial Som Brasil*, que incluiu cenas de um show realizado e gravado no Clube Espanhol, em Salvador, e videoclipes em estúdio. No palco, recebeu nomes da música baiana e brasileira, como Elba Ramalho, Carlinhos Brown e Timbalada, Lulu Santos e Sandra de Sá. No estúdio, foram dois clipes com Chico Buarque, cantando "Cotidiano" e "Mil perdões", Gilberto Gil, com "De onde vem o baião?", além da irmã Vania Abreu e do Meninos do Pelô. Os blocos Olodum e Ara Ketu apareceram em registros de apresentações pela capital baiana.

Naquele ano, Daniela ainda participou de um especial em homenagem a Chico Buarque na TV Bandeirantes. Em arranjo bem mais lento do que o original, cantou "Ela desatinou", com Chico ao violão e dividindo os vocais, enquanto Tom Jobim acompanhava tocando piano. Participou, na sequência, do tradicional especial de Roberto Carlos. Daniela conta:

> Ele se encantou comigo. Poladian e Jorginho falaram para ele ir me ver, ele foi e ficou encantado. Ele estava acostumado a fazer especial de televisão com muitos artistas brasileiros, viu em mim o que eu nem sabia que tinha, essa capacidade de fazer o que fiz.

A cantora seguiu cavando espaços entre os grandes da MPB. Os programas e participações eram a consagração de seu sucesso, mas também uma realização como artista. "Daniela pulou o muro do Olimpo, conseguiu fazer parte dos deuses da música. Ela passou a frequentar os grandes ídolos dela, Caetano, Chico Buarque. São pessoas que ela venerava", lembra Jorginho.

Segundo a cantora, era inimaginável fazer música típica baiana e ter respeito dentro da MPB:

> Porque uma coisa é você conseguir fazer algum sucesso, ser popular. Agora são muitos âmbitos para se alcançar realmente um reconhecimento artístico do que estava se produzindo aqui. Na Bahia, era algo muito inalcançável quando comecei a carreira. [...] Abri mão de fazer o que era óbvio, porque a minha intenção não era fazer sucesso. Minha intenção era construir algo que pudesse chamar de meu. Tanto é que depois de fazer sucesso no Brasil, cantei no especial da Globo com Tom Jobim, com Chico Buarque. E os dois me falaram "Daniela, você vai fazer MPB" e eu disse pros dois: "Eu já faço MPB. Faço MPB percussiva. João Gilberto esvaziou e eu estou tentando encher".

O canto da cidade foi Disco de Ouro na Argentina, antes mesmo de Daniela se apresentar por lá. Vendeu muito bem também no Uruguai e no Chile. Com o sucesso, o contrato de Daniela com a Sony brasileira foi transferido para a Sony Internacional, com o compromisso do lançamento de cinco álbuns em vez de três, como havia sido acordado. Os royalties também sofreram alteração, passando de 8% para 15% (acima de 250 mil cópias). Com cachê médio de US$ 20 mil (na época), realizou turnês pelo Brasil, Europa, Estados Unidos e América Latina. "Não eram shows grandes. Era muito difícil fazer os Estados Unidos cantando em português, mas de qualquer forma levou a música baiana, a axé music, para um outro patamar. Bem mais alto", conta Sampaio.

O investimento da Sony na cantora foi assombroso. Em 1992, o mercado ainda vivia a transição dos suportes, de discos de vinil para CD. Os *compact discs* ganhavam cada vez mais força e se tornavam verdadeiramente populares. Para impulsionar ainda mais *O canto da cidade*, a gravadora oferecia o álbum como brinde aos compradores dos novos equipamentos de som da empresa que vinham com CD players. Um marketing agressivo e certeiro.

Daniela passou também a ser disputada como garota-propaganda para comerciais de várias marcas. Fez publicidade para o xampu da Pantene, para o Banco Nacional, que comprou os direitos da música "Swing da cor" para uso em seus comerciais durante um ano, além da Antarctica. A cervejaria fez o maior contrato, que chegou a US$ 500 mil para realização de três comerciais. O primeiro, lançado no dia 3 de fevereiro de 1993, contou com uma produção de 75 pessoas, entre figurantes e membros do Ilê Aiyê. Uma superprodução que custou US$ 150 mil (Cr$ 2,4 bilhões, na época), tendo como cenário o Centro Histórico de Salvador, as praias de Ponta de Humaitá e Mont Serrat. Outro comercial com a cervejaria, estrelado pela cantora e por Ray Charles, foi voltado para a Copa do Mundo de Futebol de 1994.

O contrato com a Antarctica incluiu também o patrocínio de uma turnê de Daniela pelo Sul e Nordeste do país. Com a receptividade do investimento na cantora, a cervejaria decidiu investir no Carnaval de Salvador, fechando contrato de US$ 1 milhão com a TV Manchete para transmissão da festa e injetando mais US$ 500 mil em bandas e blocos, como Timbalada, Ilê Aiyê, Muzenza e Banda Mel. A iniciativa abriu uma verdadeira guerra de marcas na época, com a concorrente Brahma reagindo e investindo em comercial gravado em Salvador com o Olodum e patrocinando outros blocos, como Cheiro de Amor, Eva, Filhos de Gandhy e o próprio Olodum.

Com 27 anos quando lançou *O canto da cidade*, Daniela Mercury era uma jovem cantora que despontava no cenário nacional de forma avassaladora. Centenas de shows, presença maciça na mídia, fama, muitos sucessos. Aquilo tudo era resultado de sua persistência em produzir uma música com identidade própria e torná-la acessível, mas também fruto da reunião de várias forças. Segundo a própria cantora, não havia uma razão única para apontar os motivos daquele fenômeno:

> Foi um álbum que nasceu pela espontaneidade, pela força da música afro-baiana dos blocos afro, numa hora em que o Brasil também estava mais voltado para si, para o seu umbigo, querendo voltar a sambar. Eu sentia que a juventude tinha uma abertura para isso. Entreguei um álbum que tinha a possibilidade de se tornar grande. Depois vieram as contribuições do Especial da Globo, de Caetano, da legitimação de Tom, de Chico, de Roberto Carlos por ter feito aquele Especial importantíssimo na minha vida. Foi muita gente acreditando junto. Eu sinto que quando acontecem essas coisas é uma conspiração para acontecer. Não acontece só por um motivo. Acontece porque muitas pessoas se envolvem, ajudam e acreditam. Tive que convencer muita gente ao longo de minha vida de que o que eu fazia era possível.

Para Marcos Kilzer, um conjunto de fatores favoreceu a explosão do disco e da cantora. "A própria Daniela Mercury, somada ao repertório, à produção, ao marketing, ao trabalho de Jorginho e o de (Manoel) Poladian, foi o que fez o disco ter se tornado um sucesso. Tudo conspirou favoravelmente." Ele ressalta o trabalho de Poladian, empresário que já havia trabalhado com vários nomes da música brasileira e tinha contribuído para a explosão da banda RPM, por exemplo. O diretor da Sony comenta:

> Ele foi muito importante no processo, sem ele Daniela não teria decolado. Não teria sido o

fenômeno que foi, não tenho dúvida disso. Poladian foi peça fundamental na engrenagem do fenômeno. Um tremendo profissional.

Não foram apenas números, vendas e marketing. *O canto da cidade* era uma novidade no mercado, um frescor nas programações das rádios e definidor para o futuro da música baiana. Se *Magia*, de Luiz Caldas, é considerado a pedra fundamental da axé music, o segundo álbum de Daniela foi o maior propagador do samba-reggae fora da Bahia e um marco para a axé music como movimento de dimensão nacional. A partir dele, as atenções se voltaram definitivamente para Salvador, o mercado de música baiano deixou de ser forte apenas localmente e se transformou no epicentro da indústria fonográfica brasileira.

O sucesso de Daniela contribuiu para que diversos artistas baianos passassem a se destacar no cenário musical brasileiro, em uma sequência de novidades que culminou nas expressivas vendagens de nomes como Terra Samba, Ara Ketu e É o Tchan, além de ter impulsionado a transformação das cantoras Ivete Sangalo e Claudia Leitte em novos ícones da música nacional, bem como Carlinhos Brown.

Com a forte presença da música baiana em todas as regiões do país, consolidou-se ainda mais o Carnaval de Salvador, que passou a ser disputado e divulgado pela mídia como nunca antes. O modelo da festa foi levado para diversas cidades pelo Brasil, com os carnavais fora de época, as micaretas, se disseminando por todo o país com trios elétricos e venda de abadás. Fortal, em Fortaleza (CE), Carnatal, em Natal (RN), Recifolia, no Recife (PE), Carnabelém, em Belém (PA), Folianópolis, em Florianópolis (SC) e Carnabelô, em Belo Horizonte (MG), foram alguns dos principais carnavais fora de época que surgiram ali.

Ramiro Musotto, que, como vimos, foi personagem importante na formatação da axé music e de *O canto da cidade*, costumava ressaltar a importância daquela produção baiana. Ao ser perguntado sobre a contribuição da linguagem do samba-reggae para a música brasileira, ele respondeu que o lado bom foi que ela "botou a classe média e os sulistas para sambar". Ele citou também a "redescoberta do afro-baiano" e a "revalorização da cultura regional"[42].

Para a cantora Márcia Short, que integrou a segunda formação da Banda Mel, Daniela foi essencial para o processo na explosão da axé music. "Ela tem um papel fundamental na popularização, na disseminação da música que estava sendo produzida na Bahia naquela época."[43] O empresário Jorginho Sampaio segue na mesma toada:

> Ela ajudou a desenvolver muito o mercado baiano. Os holofotes se voltaram pra cá, as gravadoras também, muitos artistas baianos passaram a vender essa marca fantástica de 1 milhão de discos. Passou a ser uma coisa normal.

Para ele, o sucesso de *O canto da cidade* e de Daniela tiveram efeito em todo o mercado. "A axé music ganhou respeito, dissipou todas as dúvidas se seria um modismo, uma coisa localizada na Bahia."

Contemporâneo e presente como compositor desde o primeiro disco da cantora, Carlinhos Brown foi um dos que assistiu de perto ao surgimento e crescimento da carreira da cantora.

---

42 "'O Carnaval e a axé music estão contra a cultura popular da Bahia'", *op. cit.*

43 Entrevista ao autor em agosto de 2020.

> Vi com orgulho e atenção a explosão de Daniela, pois todo um preparatório para esse momento vinha acontecendo como um cruzamento para grandes movimentos inspiradores do axé, em especial os Novos Baianos, Doces Bárbaros, Tropicalismo etc.

Brown avalia que Daniela não era mais uma aposta e já enfrentava novos preconceitos, diferentes daqueles sofridos pelos que a antecederam.

> Foi difícil para Lui Muritiba, para Luiz Caldas, Sarajane, Gerônimo, Chico Evangelista, Jorge Alfredo, Jorge Portugal, Roberto Mendes, entre outros, conseguir essa força de *start*. E foi muito bonito ver isso tudo consagrado em uma artista de performance preparada e elaborada pro show. [...] Naquele momento, a força da africanização transbordava pelo Banto, Iorubá e Jeje-Nagô no segmento Kwe, por lideranças como a de Mãe Hilda de Jitolú, Apolônio, Vovô do Ilê, entre outros maravilhosos autores e compositores que precisavam de uma vez por todas encontrar, naquela voz e naquela intenção, a expressão de resultados coletivos da nova cultura baiana. Daniela juntava isso tudo.

Para Brown, o sucesso de *O canto da cidade* colocava aquela nova música baiana em um novo patamar.

> Deixava claro que tínhamos intérpretes, que a cena regional se amadurecia para os ouvidos nacionais e internacionais, e que estávamos no lugar certo com as pessoas certas. Algo de novo estava acontecendo no Brasil e na América Latina.

O produtor Marcos Maynard também entende Daniela Mercury como um marco para que o Brasil voltasse a perceber o que acontecia na Bahia:

> Com Daniela, a Bahia reacendeu, as pessoas começaram a olhar pra lá. Ninguém olhava muito a Bahia. Era legal, mas quando aparece a Daniela e aparece com uma música espetacular, bem gravada, bem-feita, com um grande produtor, ganha outra dimensão. Uniram-se ali uma grande intérprete, um grande produtor e um grande diretor artístico.

Segundo ele, a cantora tinha diferenciais que a colocaram em um patamar mais elevado da música brasileira da época:

> Daniela era uma artista acima da média dos que estavam naquele momento no mercado. Ela é artista, uma grande artista com uma grande voz. Uma grande intérprete. Tem muitos cantores que são bons cantores e não são artistas. Tem pessoas que são artistas e podem até não ser bons cantores. Quando eu vi Daniela no estúdio, eu vi que ali tinha uma artista, diferente dos outros que vinham da Bahia.

O sucesso nacional, a imensa vendagem dos discos, a fama e a transformação em paixão nacional e rainha do axé não fizeram Daniela se acomodar. Ao contrário, ela seguiu arriscando, criando e fazendo apostas. A ousadia está presente na mescla de sonoridades em seus discos, nos palcos, com a ampliação da proposta de shows espetáculos, e em cima dos trios elétricos, quando ela injeta sempre novidades no Carnaval de Salvador – ela foi, por exemplo, a primeira mulher a puxar um bloco grande em tempo integral e a primeira artista a se apresentar na parte da frente do caminhão.

Em 1996, na contramão da tendência de concentração no centro, Daniela resolveu levar o bloco Crocodilo para a orla de Salvador, consolidando o Circuito Barra-Ondina, mais tarde batizado de circuito Dodô, em homenagem a um dos criadores do trio elétrico. Loteado pelos blocos, o circuito do centro da cidade estava engarrafado e se tornando inviável. O novo circuito já recebia trios elétricos, mas a cantora foi decisiva para tornar a orla o principal palco do Carnaval baiano. No rastro da novidade, ela inaugurou também o camarote Daniela Mercury no mesmo circuito.

Poucos anos depois, em 2000, a artista inovou mais uma vez, apresentando um trio elétrico de música eletrônica em pleno Carnaval de Salvador. Apesar da resistência de parte do público – a cantora chegou a ser vaiada em alguns trechos –, os *beats* digitais em pouco tempo se tornaram mais comuns na festa. A novidade de mesclar a percussão do samba-reggae com sonoridades eletrônicas, como techno, house e drum'n'bass, também marcou seu disco *Carnaval eletrônico* (BMG Brasil, 2004). Com arranjos de vários DJs brasileiros, como Marcelinho da Lua, Memê e Anderson Noise, o álbum vendeu cerca de 190 mil cópias no Brasil. Recebeu elogios no jornal *The New York Times* e foi responsável pela primeira indicação da artista ao Grammy Latino, concorrendo como melhor álbum pop contemporâneo em língua portuguesa.

No Carnaval de 2005, Daniela novamente surpreendeu: levou um piano de cauda e o pianista erudito Ricardo Castro para o trio elétrico. Música clássica em pleno Carnaval soteropolitano era ainda mais ousado do que música eletrônica. No desfile, a cantora e o pianista fizeram duetos com obras como "Trenzinho caipira" e "As Bachianas número 5", de Heitor Villa-Lobos, "Aquarela do Brasil", de Ary Barroso, além de composições de Schubert e Bach.

7

EMBRANQUECIMENTO DA AXÉ MUSIC

Se a música que vinha da Bahia já havia deixado uma marca no país com grande sucesso nos anos 1980, liderada predominantemente por artistas negros e trazendo temáticas sobre a África, ela atingiu um ápice de popularidade com a explosão de Daniela Mercury e de *O canto da cidade*.

No início da axé music, os artistas e aquela nova música baiana eram vistos como algo exótico, sensual, meio primitivo e regional demais. Eles próprios muitas vezes se vendiam dessa forma. Mas é correto lembrar também que, até então, essa produção não era tratada com um respeito maior dentro da música brasileira.

Mesmo sendo um grande músico, com alta técnica e conhecimento, Luiz Caldas, por exemplo, não costumava ser citado dessa forma. Normalmente era lembrado apenas como um cantor de música dançante, que rebolava e se apresentava descalço nos palcos. Ou como o "Rei da Bahia", como gostava de chamá-lo Abelardo Barbosa, o Chacrinha. Também faltava dar a devida importância às temáticas das letras de nomes como Olodum, Banda Mel ou Reflexu's, que levavam reflexões sobre racismo, negritude e cultura afro-baiana para as paradas de sucesso. Ou mesmo valorizar a força rítmica apresentada de forma inovadora por aquela música vinda da Bahia. Tudo era tratado como uma moda – meio brega, meio tribal e passageira.

Quando Daniela surgiu, amparada pela força da gravadora Sony, aos poucos, e com o sucesso conquistado, as impressões mudaram. Branca, bem articulada, seguindo os padrões de beleza exigidos e muito competente, Daniela se enquadrava no perfil dos sonhos do mercado e da sociedade brasileira. Mesmo com os questionamentos iniciais de sua própria gravadora, estabeleceu-se e caiu no gosto popular e da mídia. Era tudo que faltava para a indústria voltar os olhos de vez para a Bahia e dar novos rumos à produção que já existia no estado. Para o bem e para o mal.

A partir do enorme sucesso de Daniela Mercury, inaugurou-se um novo momento da axé music. Naquele início dos anos 1990, houve uma mudança gradual na forma como o mercado passou a se comportar e no tipo de produto em que se começou a investir. Se, na década de 1980, a música baiana era marcada por artistas negros ou com origem mais popular, com sonoridades afro-baianas, letras politizadas e forte influência dos blocos afro, a década seguinte ganhou outra configuração. Segundo Daniela:

> Todas as modas passavam muito rápido em Salvador. Todo mundo cantou "Faraó" nos blocos de trio, mas não era uma coisa que fossem tomar para si. A rítmica ficou, mas a linguagem não, o texto não. A relação e o comprometimento com

> a luta política e com a luta racial não era algo que tenha continuado, isso não interessava ao mercado. Quem tinha um vínculo e ficou com aquilo pra si? Eu, Margareth, talvez Brown, e poucos outros. Vejo na gente uma vontade clara de fazer MPB, de renovar, de usar as percussões, de trazer discursos mais relacionados com a nossa população, nossa cidade, nosso universo, as questões que nos tocam, as questões que nos mobilizam como pessoas nessa cidade.

Com as novas modas, a chegada mais incisiva da indústria fonográfica e as mudanças no mercado baiano, nomes como Luiz Caldas, Banda Reflexu's, Banda Mel, Lazzo, Sarajane, Gerônimo e Tonho Matéria foram perdendo espaço, enquanto outros iam se estabelecendo ou se adaptando às mudanças. Netinho, Asa de Águia, Cheiro de Amor, Ricardo Chaves, Chiclete com Banana e a própria Daniela eram as forças da vez, ampliando seu alcance nacional. A música baiana também mudava de cor.

Parte dos blocos afro também acelerava seus processos de adequação. O Ara Ketu se transformou em uma banda em formato tradicional, injetando instrumentos harmônicos e eletrônicos. Caminho parecido teve o Olodum, que amenizou a força percussiva e inseriu teclados, guitarra, baixo e naipe de sopros. Ambos também mudaram as temáticas das letras, que passaram a ser mais românticas e menos politizadas, deixando de priorizar as questões da população negra. Assim alcançaram enorme sucesso comercial em todo o país.

Em paralelo, surgiram novos artistas negros no cenário musical baiano ligado ao Carnaval, que também ganharam alcance nacional e que seguiam quase sempre a mesma lógica imposta pelo mercado, de diversão simples e direta, sem grande preocupação estética. Nascida na comunidade do Candeal, a Timbalada de Carlinhos Brown era uma exceção a essa regra. O grupo apareceu como uma das poucas novidades que tinha foco na percussão, apostando em uma sonoridade à base de timbales e de influências diversas. O grande sucesso da época, no entanto, foi um novo ritmo popular que ganhava corpo em Salvador, o pagode, herdeiro do samba de roda do Recôncavo Baiano. Na linha de frente, despontavam dois nomes, Terra Samba e É o Tchan, ambos frutos da banda Gera Samba.

Surgido em 1991, o Terra Samba lançou seu primeiro disco apenas quatro anos mais tarde. Foram três álbuns pela gravadora RGE até que explodissem nacionalmente em 1998, com *Terra Samba ao vivo e a cores*, já pela Globo/ Polydor. O trabalho recebeu Disco de Diamante duplo pela venda de mais de 2,4 milhões de cópias, tornando-se o disco mais vendido por um artista baiano na história. Esse foi também o auge do grupo.

Fenômeno ainda maior foi o grupo É o Tchan, que surgiu como Gera Samba, mas, por questões legais, de direito sobre uso do nome, teve de mudar. Embalado pelo ritmo dançante, dançarinas com pouca roupa, coreografias provocantes e letras de duplo sentido, obteve grande sucesso com o disco *Na cabeça e na cintura* (Polygram, 1996), que vendeu mais de 2 milhões de cópias. O feito se repetiu no álbum seguinte, *É o Tchan do Brasil* (Polygram, 1997). A sequência de outros discos foi marcada com presença constante no *showbiz* nacional, com direito a concursos na TV para a escolha de novas dançarinas, muitas capas de *Playboy* e uma infinidade de sucessos.

Outros grupos do pagode baiano ganharam evidência, mas as novas estrelas de apelo nacional da axé music tinham outras características. Eram jovens, brancos de classe média falando sobre romances, Carnaval, flerte de verão, praia, mar e trivialidades. Na sonoridade, as características da axé music original ainda mais próximas do pop, do soft rock, de baladas românticas e, quase sempre, em desconexão com ritmos afro-baianos e sem referência a blocos afro.

Jammil e Uma Noites estourou com "Praieiro", "Ê, saudade", "Tchau (I Have to Go Now)" e "Milla", com um misto de pop, axé, reggae e rock. Claudia Leitte emplacou alguns sucessos pela banda Babado Novo, mas foi em carreira solo que se consagrou entre os novos nomes da axé music. Músicas como "Exttravasa", "Pássaros", "Insolação do coração" e "Beijar na boca" a impulsionaram para a popularidade e para as paradas de mais tocadas nas rádios de todo o país. Trilhou vários caminhos, indo da axé music mais tradicional, com algum elemento percussivo, passando por baladas românticas e chegando até neo-pop-funk-reggaeton. Claudia foi dos poucos artistas brasileiros a conseguir entrar na Billboard Hot 100, a parada de singles dos Estados Unidos.

Originária do bloco de mesmo nome, a Banda Eva começou sua trajetória em 1993, tendo à frente a cantora Ivete Sangalo. Com ela, foram alguns discos lançados e vários *hits*. No início, no rastro de *O canto da cidade*, o álbum de estreia, também pela Sony, seguia o caminho aberto por Daniela: desde alguns nomes em comum na produção, como Jorginho Sampaio, que a assinava ao lado de Jonga Cunha, até referências aos blocos de matriz africana. Do Ilê Aiyê veio o maior sucesso do disco, "Adeus bye bye" (Guiguio/ Juci Pita/ Chico Santana). No entanto, o *pot-pourri* em homenagem ao Apaches do Tororó foi o único momento do álbum em que a percussão ganhou mais destaque.

Na sequência, a banda emplacou *hits* como "Flores (Sonho épico)" (Carlinhos Maracanã/ Gutemberg/ Roberto Moura/ Tica Mahatman), "Arerê" (Gilson Babilônia/ Alain Tavares), "Beleza rara"

(Ed Grandão/ Nego John), "Levada louca" (Gilson Babilônia/ Lula Carvalho/ Alain Tavares). Incluiu também músicas do compositor Jorge Xaréu, que já havia sido gravado por Daniela, como "Alô paixão" (Jorge Xaréu) e "Me abraça" (Jorge Xaréu/ Roberto Moura). Com vários desses sucessos, o disco *Banda Eva ao vivo* (Polygram, 1997) alcançou o recorde de vendas do grupo, com 2 milhões de cópias, obtendo certificado de Disco de Diamante.

Em 1998, Ivete saiu da banda, sendo substituída por Emanuelle Araújo – logo em seguida, por Saulo Fernandes, e depois por Felipe Pezzoni. Sem repetir o mesmo sucesso comercial e a profusão de *hits*, a banda chegou a lançar três álbuns ao vivo seguidos. Saulo ficou 11 anos na banda e iniciou carreira solo a partir de 2013. Em sua trajetória, desde a Eva, incorporou referências bem sutis de música afro--baiana e percussão.

Na carreira solo, Ivete Sangalo alcançou o mesmo patamar de fenômeno nacional que Daniela Mercury havia conquistado anos antes. Entre álbuns de inéditas, ao vivo, coletâneas e DVDs, a cantora vendeu milhões de discos, sendo o mais bem-sucedido o *MTV ao vivo* (Universal, 2004). O trabalho bateu a marca de 2,6 milhões de cópias vendidas do DVD, obtendo Disco de Diamante no Brasil. Outros destaques de vendas incluem dois ao vivo: *Ivete no Maracanã* (Universal, 2007), com mais de 2 milhões de discos vendidos e certificado de Disco de Platina triplo no Brasil, além de recorde de vendas de DVD naquele ano no mundo; e *Ivete Sangalo 20 anos* (Universal, 2014), pouco acima de 1 milhão no Brasil, obtendo Disco de Ouro. Entre os álbuns de estúdio, o recorde foi *As super novas* (Universal, 2005), que ganhou certificação Diamante com mais de 1,2 milhão de cópias vendidas.

A cantora baiana também emplacou uma infinidade de *hits*, ocupando as paradas de mais tocadas nas rádios tanto com canções românticas quanto com músicas mais ligadas ao Carnaval baiano. Nenhuma delas trazia referências a sonoridades afro-baianas, tampouco aos blocos afro. Entre as mais carnavalescas, estavam "Festa" (Anderson Cunha), "Sorte grande" (Lourenço) e "Cadê Dalila" (Carlinhos Brown/ Alain Tavares), que remetem quase sempre ao axé que ficou marcado a partir dos anos 1990.

A música baiana batizada como axé music viveu seu auge de vendas e popularidade naquele período. Se, nos anos 1980, apenas dois discos ficaram entre os mais vendidos do país, na década seguinte 26 entraram entre os cinquenta álbuns mais vendidos em um ano[44].

Motivada pelos números das vendagens, a mudança no perfil e na sonoridade seguia a lógica que o mercado pedia. Seguia também os desejos dos empresários que comandavam o universo da axé music. Para o maestro e músico Letieres Leite, com o sucesso de "Faraó" e dos blocos afro, inicialmente, eles tiveram de reconhecer que a música negra era bom negócio e que era interessante, mas isso mudou. "Depois de um tempo, essas pessoas, ligadas a grandes grupos econômicos, começaram a criar os próprios artistas, geralmente, artistas mais brancos", diz[45]. "Eles se afastaram da matéria-prima, uma coisa que não foi ocasional, foi alinhavada. Esse embranquecimento foi estrutural", conta o músico, que integrou a banda de Ivete Sangalo por mais de dez anos e é fundador da Orkestra Rumpilezz.

---

44 Os dados são do Nopem (Nelson Oliveira Pesquisa e Estudo de Mercado), instituto criado em 1964, que realizava levantamentos semanais dos discos mais vendidos em lojas do eixo Rio-São Paulo, centro econômico e midiático do país. Nem eram contabilizadas as vendas na Bahia e no Nordeste.

45 Entrevista ao autor em outubro de 2019.

Com o sucesso cada vez maior nos anos 1990 e 2000, a indústria da axé music passou a exercer um grande poder no mercado musical baiano, dominando as diversas esferas de sua cadeia. Produtoras, blocos, empresas, marketing e também a mídia, especialmente as rádios, viviam sob o domínio ou a influência da axé music. Guiguio, compositor e cantor do Ilê Aiyê, lembra como era o papel dos empresários na produção musical baiana. "Eles dominavam todo o marketing, controlavam o espaço na televisão, nas rádios, casas de show etc. Existia a produção e eles entravam com a administração disso tudo. Só que o investimento era nos artistas deles." Segundo Letieres, o pensamento da indústria passou a seguir essa lógica, dificultando os espaços para quem não estivesse dentro dela:

> Qualquer hegemonia, em qualquer lugar, vai beneficiar grupos. Eu trabalhava lá e cá e via a dificuldade de um artista sonhar em romper essa muralha para poder chegar e entrar numa grande *major*. Foi uma hegemonia da indústria. Eles tinham grandes autores, que davam renda, davam retorno, então não tinha um replante, não havia investimento em novas carreiras de maneira ostensiva. Não tinha essa história de gastar pra investir.

Um mercado com características próprias, que tinha no Carnaval e nos blocos seus principais produtos. Um modo de funcionamento viciado e que, com o tempo, passou a se preocupar menos com música. Letieres completa:

> O bloco é administrado de forma empresarial e o artista está incutido dentro dessa estrutura, dentro de uma norma. Ele não é um artista independente como a gente imagina, onde o artista

> gera o negócio. Não. O negócio gera o artista. Isso aqui na Bahia foi notório com vários artistas de bloco. A gente lembra exatamente da carreira de alguns artistas quando estava num bloco e quando foi pra carreira solo. Muda até a forma de ele se posicionar. Acho que todos eles passaram por isso.

É um modelo incomum dentro do mercado de música, mas que se tornou regra na Bahia. "Geralmente, o artista tem um empresário com quem ele tem que conversar. Aqui era uma empresa grande que trocava os artistas, trocava os cantores." Para Letieres, os próprios artistas fizeram parte dessa estrutura, replicando o mesmo pensamento de negócio, inclusive o modelo extrativista:

> Os artistas, de alguma maneira, mantiveram esse pensamento, sem se ater ao replante. O que significa o replante? Teve grandes casas de shows abertas durante esse período? Teve grandes investimentos na educação musical com projetos de fomentação de músicos? Não. Só os blocos afro fizeram isso. Os artistas não estavam ligados de maneira profunda no replante do que eles estavam usufruindo para seus negócios.

A força daquele mercado era tão grande que até ícones da música baiana, nomes fundamentais na história do Carnaval de Salvador, também sofreram as consequências da lógica hegemônica. É o caso de Moraes Moreira, que muitas vezes não conseguia participar do Carnaval como gostaria e passou anos protestando por receber poucas oportunidades. Reclamava também por ele e seus pares terem sido abolidos das rádios. Falecido em abril de 2020, manteve sempre sua postura crítica ao modo como os artistas eram tratados no mercado e no Carnaval baiano. Moraes se sentia excluído.

Seu filho, Davi Moraes, se lembra do incômodo dele em ser relacionado a essa cena:

> Teve uma homenagem à axé music no Globo de Ouro a que ele não foi porque não queria que músicas como "Chame gente" fossem consideradas axé. Pois, em determinado momento, haviam tirado as músicas dele das rádios.

Não só as dele, lembra Davi, mas também de Armandinho, Dodô & Osmar, Chico Evangelista, Marcionílio, Gerônimo, Missinho: "Tiraram tudo o que veio antes e botaram os artistas da axé music". Moraes se incomodava com aquilo e dizia: "Como é que eu posso ser considerado de um movimento que quer me limar?".

Segundo Davi, o problema estava na forma como o mercado funcionava. "Não foi culpa dos artistas, foi culpa das vaidades dos empresários, que queriam botar os artistas que eles 'descobriram'." Seguindo o pensamento do pai, Davi reforça que a Bahia não é só axé, há muita coisa que veio antes e muita que veio depois. "Acho que o monopólio das rádios com meia dúzia de pessoas foi algo que prejudicou quem já tinha aberto tantas portas. Caras que tiveram uma importância grande e que foram fundamentais para o próprio axé."

Mesmo depois de vivenciar baixas de sua força econômica, a indústria da axé music continuou ignorando esses tipos de atuação. Até porque ainda mantém, mesmo sem o poder de outros tempos, o controle sobre blocos, camarotes, produtoras e, claro, artistas e bandas. No meio empresarial, o reconhecimento sobre o afastamento da cultura negra é algo raro.

Jorginho Sampaio é um dos que admite que esse estilo musical se afastou de seus elementos fundadores. Além de ter sido empresário de Daniela

Mercury, Sampaio foi fundador do Bloco Eva e agenciou as carreiras do Ara Ketu e da Banda Eva, quando Ivete Sangalo era a vocalista do grupo. Vivenciou bastante aquele universo.

> Houve um distanciamento disso que me encantava tanto, que encantou tanto Daniela, a busca de beber na fonte do afro, do negro, a raiz do que acontecia aqui. Alguns chamam de embranquecimento, sei que houve sim um distanciamento dessa fonte. A água continuou caindo ali, mas já não era tão concorrida a ida a essa fonte.

A percepção ecoa entre os artistas e profissionais, em especial entre aqueles ligados aos blocos afro e às origens da axé music. É o caso de Márcia Short, que reforça as críticas ao modo como o mercado funcionava:

> Desde sempre, a cara não podia ser a nossa. A gente cresceu achando que a nossa imagem não era bonita, que a nossa imagem não vende, isso nos foi dito a vida inteira. Vivemos em um país extremamente racista e perverso. Nunca nos quiseram em nenhuma situação de protagonismo. Esse projeto de embranquecimento da música baiana foi pensado e tem testemunha disso.

A cantora lembra como os artistas negros eram a base daquela música, mas não foram reconhecidos e nem receberam ao menos um retorno financeiro: "Nessa brincadeira todo mundo ficou rico e a base da pirâmide está chupando o bagaço da laranja até agora."

Importante nome da história recente da música baiana, Vovô do Ilê segue na mesma linha. Segundo ele, a postura do mercado tinha motivações ainda mais profundas:

> O racismo é muito organizado, eles sabiam muito bem da força de nossa música. Sabiam que, se ela fosse executada maciçamente, hoje as questões do racismo, da desigualdade, já estariam em menor escala, porque ia abrir bastante os olhos do povo.

Para ele, mesmo sem ter muito espaço, a movimentação dos blocos afro começou a mexer com a cabeça das pessoas: "Imagine se estivéssemos presentes nas rádios ou nos programas de televisão".

Segundo Guiguio, as composições dos blocos afro foram o maior tesouro achado pelo mercado da axé music, mas foram totalmente escanteadas.

> No começo éramos requisitados a compor para outros artistas, além dos blocos afro, e o resultado mostra que fazíamos muito bem. Mas aconteceu que essas mesmas canções começaram a fortalecer mais as folhas do que a raiz e isso criou uma hegemonia, que de certa forma prejudicou os blocos afro.

Para Letieres, mesmo se for levada em conta a visão do mercado, a postura foi equivocada:

> O mais grave é a questão do negócio, do pensamento estrutural dos negócios, de não ter pensado mais no futuro, num projeto a médio e longo prazo, num investimento na manutenção do negócio. Foi muito imediatista e isso fez com que, em algum momento, enfraquecesse.

Sucesso nos anos 1990, a axé music ainda seguiu em evidência na primeira década dos anos 2000, mas, nos dez anos seguintes, com o surgimento de outras sonoridades, com mudanças na indústria fonográfica, deixou de satisfazer o gosto popular. Passou a vender muito menos, a estar menos presente nas listas de músicas mais tocadas e a ficar distante do protagonismo de outras épocas. Uma franca decadência econômica, mas também de ordem criativa.

O produtor Marcos Maynard acredita que o Brasil sofreu uma dose exagerada de axé music, que deixou de se renovar.

> Primeiro tem a superexposição, um exagero de um único gênero musical, e isso cansa. Se não há um grande artista fazendo uma coisa nova, esse gênero se esgota. Quando aconteceu Daniela, a Sony foi lá e fez estourar o disco. Com isso, depois veio uma leva de outras gravadoras na Bahia tentando contratar mais cinco Danielas Mercurys.

Era o modo como a indústria fonográfica funcionava e como o próprio mercado baiano passou a funcionar, na lógica de repetição de fórmulas, abandonando totalmente a busca por um frescor criativo.

Para Guiguio, um dos grandes erros do mercado da música baiana, que levou à sua decadência, foi ter se distanciado da música negra e da essência das ruas.

> Querer substituir quem tinha a vivência por quem apenas imaginava como as coisas realmente são. Muitos artistas e compositores acharam que poderiam fazer melhor, lucrar mais, e deu no que deu... Infelizmente.

Ainda com esperanças, ele acha que o caminho para uma retomada passa pelo resgate dessa raiz. "Tem que dar espaço para aqueles que compõem possam ser protagonistas das suas obras. O povo sente quando é de verdade. Arrepia!"

Depois de "O mais belo dos belos", Guiguio teve ainda algumas outras músicas gravadas por Daniela: "Por amor ao Ilê", em 1994, "Musa Calabar", em 1996, "Ilê Pérola Negra (O canto do negro)", em 2000, e "Santana dos olhos d'água", parceria com a cantora e o filho dela, Gabriel Póvoas, em 2012. Outro grande sucesso de autoria dele foi "Adeus bye bye", parceria com Juci Pita e Chico Santana, lançado em 1993 pela Banda Eva, que também gravou "Sedução" no ano seguinte. Sem tanta repercussão, Guiguio teve ainda músicas cantadas por Simone Moreno, Olodum, Ara Ketu e Nazaré Pereira. Distante dos palcos desde 2013, devido a um AVC, Guiguio é um dos tantos que segue escanteado na música baiana, sem ter composições suas gravadas há alguns anos.

Outro compositor, Tote Gira, autor do sucesso "O canto da cidade", sentiu diretamente como o mercado atuava no embranquecimento da cultura baiana. Segundo ele, havia um modo de a indústria agir para retirar elementos da cultura negra em sua música.

> Não era o artista, nem a produção do artista, mas a indústria fonográfica do Sudeste. Naquela época havia uma tendência de embranquecimento nas canções. Primeiro porque quem é que iria interpretar a canção? A indústria estava investindo milhões e milhões no artista.

Como já foi dito em capítulo anterior, Gira lembra que sua música "O canto da cidade" foi alterada, com palavras e termos como "tambor", "tom da pele" e "negro é Salvador" sendo retirados da letra.

> O refrão da música era "Aê aê negro é Salvador/ Aê aê o verdadeiro amor". O pensamento era "vamos tentar mudar isso aqui, porque está

muito regional, vamos deixar nacional", mas não, aquilo era um processo de embranquecimento da canção.

Sem ter consciência dessas questões na época, ele teria aceitado sem questionar, mas depois passou a perceber o que havia por trás daquilo. "Tenho convicção de que houve uma intervenção da própria Sony Music, das cabeças da gravadora. Algo como 'a gente precisa mudar isso aqui, está muito coisa de negro'", explica. Responsável pelo setor artístico da Sony na época, Marcos Kilzer garante que a gravadora não sugeriu nenhuma mudança de letra.

Independentemente do que houve, não teria sido um caso isolado. Segundo Gira, aquele tipo de atitude era algo comum com a produção musical negra da Bahia:

> Conheço diversos outros exemplos, mas não gosto de citar porque não são obras minhas. Existem muitas músicas que quando explicitavam a valorização negra eram mudadas, mas quando havia uma questão de desvalorização não se alterava nada. Um exemplo é "Nega do Cabelo Duro" ["Fricote", de Luiz Caldas e Paulinho Camafeu], ali não mudaram nada, mas quando se chamava de princesa, de lindo, de qualquer outra coisa, quando se tratava de realmente de explicitar a valorização negra, não passava.

A discussão é profunda e pede um longo debate, que não se esclareceria totalmente aqui.

O fato é que Daniela Mercury foi uma das artistas que ajudaram a impulsionar a música afro-baiana. Durante toda sua carreira, manteve relação com os compositores e com blocos afro. Com maior ou menor frequência, continuou a gravar as músicas dos blocos e a se manter conectada com a sonoridade afro-baiana. É interessante notar que, se por um lado ganhou respeito no ambiente dos blocos afro e contribuiu para que as portas fossem abertas para eles, por outro, foi também a partir de seu sucesso que a indústria fonográfica nacional se abriu de vez para o novo perfil de artistas, mais brancos e dialogando com outras sonoridades.

Para Letieres Leite, Daniela se encaixava em anseios da sociedade, que era sempre mais conivente com um artista branco. "Essa lógica não está ligada ao artista em si, Daniela, A, B ou C, mas a uma conjuntura da indústria de criar uma expectativa não só musical, mas estética." Ele ressalta também a dificuldade histórica de uma mulher negra se firmar como artista num país como um Brasil:

> Existem as lutadoras. Elza Soares lá atrás, Elizeth Cardoso, mas é difícil, sempre foi. Tem a ver com a conjuntura do racismo e do machismo estrutural. Hoje já existem várias artistas negras que estão se colocando no mercado de maneira mais impositiva, mas naquele período não tinha.

Letieres, que durante anos integrou a banda de Ivete Sangalo e tocou com Daniela, cita uma artista negra daquele mercado que foi colocada de lado pela indústria. "Seria natural ter uma cantora da axé music que fosse negra, a própria Margareth Menezes. Ela veio antes, a lógica seria ela ser a estrela, ela estava em ascensão na época."

A cantora Márcia Short é outra que poderia ter se tornado uma dessas estrelas. Ela também lembra de Margareth como um nome que deveria estar em um posto mais alto na música baiana. "Naquele mesmo período, ela também estava começando, e no sorteio a premiada não foi ela. Embora hoje Margareth pareça estar no primeiro time, ela poderia estar muito além, e junto com ela outras e outros." No início dos anos 1990, antes mesmo de *O canto da cidade*, Margareth já figurava no mercado internacional, fazendo turnês, abrindo shows de David Byrne pelo mundo e com contrato assinado com as gravadoras Mango/ Island Records, nos EUA, e Polydor, na Europa.

Para Márcia Short, Daniela era tudo que a Bahia queria mostrar para o Brasil naquele momento. "Porque já havia outras cantoras fazendo esse gênero, fazendo bem, só que elas não tinham a independência de Daniela. Eram cantoras negras e não era exatamente isso que o mercado queria mostrar. Até hoje não é." Márcia não questiona o talento e a competência de Daniela, mas reforça que havia outros nomes.

> Chega uma artista branca, com inúmeras capacidades, porque Daniela é uma artista completa, é uma grande representante da nossa música, merece todo sucesso que amealhou em sua carreira, mas desde sempre não é só Daniela que é isso, esse pacote que a Bahia insiste em propagar, em divulgar.

Ela reforça que, muito antes do sucesso de Daniela, os blocos afro já tinham esse elemento da dança, com suas rainhas, seus concursos.

> Antes de isso ir pro mercado de axé, já existia na quadra. O que ela fez foi "organizar o baba" e levar pro *show business*, fazer isso com conceito de musical, de teatro. O sistema nos blocos afro era mais "*roots*", era mais ligado às ancestralidades, era uma coisa mais rústica.

O clareamento da música produzida na Bahia não foi de fato uma responsabilidade de Daniela

Mercury. Seu sucesso contribuiu para impulsionar um desejo permanente na indústria e latente na própria sociedade brasileira. Talvez a explosão da cantora fosse o que faltava para mudar o caminho que a axé music vinha seguindo como mercado desde suas origens. A valorização da cultura negra, os discursos contra o racismo e a exigência de mais igualdade na sociedade nunca tiveram a simpatia do mercado, que é tão entranhado em outras questões na sociedade. Para Márcia Short, isso resume bem como o processo de alvejamento é algo muito anterior e que afeta a sociedade em diversos âmbitos:

> Foi assim no rock, foi assim no samba. O processo de embranquecimento no nosso país se dá desde aquele fatídico 14 de maio (o dia seguinte à abolição da escravatura no Brasil, em 1888), quando os senhores entenderam que não iam mais poder se servir de forma gratuita do trabalho escravo. Eles trouxeram pessoas de outros países para dar uma clareada, para justamente misturar, miscigenar, porque imagina aquele povo preto tudo dono de terra. Se tivesse colocado o povo preto no seu lugar, ganhando o salário, hoje a cara do crime não seria preta, hoje uma série de coisas que foram enegrecidas não teria o *status* que tem. Então o processo de embranquecimento se dá desde ali, não foi a axé music que inventou isso. Acho que eles seguraram o quanto puderam até começar o processo de clareamento e Daniela não surge em *O canto da cidade*, ela já vinha nos bastidores fazendo trabalhos como *backing vocal*, estabelecendo outras relações.

8

A INFLUÊNCIA

O retumbante sucesso de Daniela Mercury, especialmente a partir de *O canto da cidade*, e a consequente explosão da axé music nos anos 1990 deixariam marcas na música brasileira. Era inevitável que uma artista jovem, bonita, que reunia tantos atributos da cultura pop, influenciasse tantos artistas, inclusive de gerações seguintes. Até então, a música brasileira não tinha visto uma artista cantar e dançar ao mesmo tempo com tanta competência, com um show com tamanha potência pop e um afinado tratamento cênico, tudo embalado com uma música popular, alegre, dançante e essencialmente brasileira.

Já atuante na música baiana quando Daniela surgiu, Margareth Menezes acompanhou de perto o crescimento da colega.

> Ela surgiu com um grande diferencial em sua formação artística, que tinha uma mistura com

> a vivência no ambiente sonoro que já fervilhava em Salvador. Uma pessoa com sensibilidade incrível e com uma visão artística inovadora.[46]

Margareth ressalta a parceria feita com o empresário Jorginho Sampaio. "Juntos eles formaram uma superdupla, se unindo a um arrojado time de compositores e músicos." E completa:

> Ela também é uma excelente dançarina, compositora e muito focada, chegou como um marco importante para o que passou a se chamar movimento axé music. Com uma sonoridade e arranjos maravilhosos, o projeto *O canto da cidade* arrebatou o mercado. Acompanhado por um show maravilhoso, com grande staff de bailarinos e muita baianidade, se tornou também mais uma referência das grandes produções da música baiana e brasileira contemporânea e influenciou muita gente.

Para o DJ, produtor e radialista Patricktor4, Daniela Mercury e a axé music inauguraram uma nova música pop brasileira:

> Pop não como um estilo musical, mas como linguagem, juntando as cores certas, as melodias que funcionam, a frase no ponto e, para além da música, com o show, a presença de palco, a dança, a luz, o figurino, todas essas coisas juntas formando uma estética. Não foi necessariamente uma coisa inovadora do zero, mas Daniela inaugurou uma possibilidade de uma Madonna tupiniquim, equivalente ao que, por exemplo, Shakira fez com a música da Colômbia. Inaugurou essa possibilidade da música e da artista poderem ser compreendidas como

---

46 Entrevista ao autor em setembro de 2020.

> uma iconografia. Ela é um marco para isso e merece ser respeitada dessa maneira. Historicamente é difícil enxergar quando estamos muito próximos dos fatos, é mais fácil quando temos esse olhar distante para perceber os equivalentes ao redor e aí sim conseguimos colocá-la numa marcação histórica.[47]

As influências mais claras e diretas incidiram inicialmente na própria axé music e na música baiana. Até os anos 1980, o cenário da música baiana ligada ao Carnaval era ocupado por vozes prioritariamente masculinas. Esses artistas eram os "puxadores" de trio elétrico, que permaneciam horas seguidas cantando e animando o público. Um pensamento machista ditava que mulheres não conseguiriam dar conta daquela tarefa, mesmo tendo sido Baby Consuelo um dos primeiros nomes a cantar em cima de um trio.

Ainda nos anos 1980, duas artistas furaram o bloqueio e assumiram papel de protagonista no Carnaval de Salvador: Sarajane e Laurinha. Mas não era algo comum. Laurinha nem chegou a ser conhecida em território nacional. Algumas bandas também tinham mulheres à frente, mas sempre acompanhadas por homens. A própria Daniela Mercury começou integrando a Banda Eva, como acompanhante de Marcionílio.

Com Daniela assumindo o protagonismo naquele tipo de música, surgiu uma leva de novas cantoras, enquanto outras tiveram as carreiras impulsionadas, ainda no início dos anos 1990. A história começou a mudar em vários aspectos – nem sempre de forma positiva. As vozes femininas que se destacavam na axé music naquele momento eram, com algumas exceções, essencialmente de mulheres negras, como Margareth Menezes,

---

47 Entrevista ao autor em setembro de 2020.

Marinês (Reflexu's), Janete e Jaciara Dantas, Márcia Short e Alobêned (Banda Mel).

O sucesso avassalador de O *canto da cidade*, no entanto, abriu as portas não só para mais mulheres, como para outro perfil de mulheres. Agora eram jovens cantoras brancas, muitas vezes de classe média ou com poucos elementos que as vinculassem à cultura afro-baiana ou à estética apresentada pelas cantoras baianas até então. Gravadoras e empresários vislumbraram aquele novo mercado, mais amplo, e a oportunidade de investimento em um perfil mais "universal/assimilável". Foram em busca de uma possível nova mina de ouro. Foi o que Marcos Maynard quis dizer quando afirmou que "as gravadoras na Bahia tentavam contratar mais cinco Danielas Mercurys".

Tentando aproveitar o sucesso de Daniela na Sony, a concorrente BMG Ariola tratou de apostar suas fichas em outras jovens artistas da axé music. Uma delas foi Rachel Nancy, que aos 18 anos teve seu disco lançado pela *major*. Mesmo com um trabalho menos elaborado, eram várias as semelhanças com Daniela. Nancy também tinha um repertório focado em samba-reggae, explorando a percussão e trazendo referências ao Olodum e ao Pelourinho. Também tinha a dança como característica, uma tendência lançada por Daniela.

Outra aposta da BMG Ariola foi a cantora Kássia, que lançou em 1993 um disco homônimo puxado pelo sucesso de "O amor não é pecado" (Augusto Cesar/ Paulo Sérgio Valle). O álbum trazia ainda composições de Tonho Matéria, Edmundo Carôso, Paulo Diniz, uma versão de "Maracangalha" (Dorival Caymmi) e "Maliê! Um canto de fé por um mundo melhor" (Wilson Colombiano), composição vinculada ao Ilê Aiyê e reforçada na gravação com a percussão do bloco. Foi claramente uma tentativa de repetir a fórmula que havia sido bem-sucedida em O *canto da cidade*.

A cantora Cátia Guimma iniciou a carreira em 1990. Comandava, ao lado de Leco Maia, a banda Futuca, que depois mudou de nome para Patrulha. A trajetória solo foi iniciada anos depois, em 1998, quando lançou o disco com seu nome pela Sony. O álbum seguia uma fórmula já apresentada por Daniela, com um pop axé baseado em teclados e bateria eletrônica em diálogo com percussões afro-baianas. No repertório, mesclava sucessos da axé music da década de 1980, como "É d'Oxum" (Gerônimo/ Vevé Calazans) e "Ajayô" (Jorge Dragão/ Luiz Caldas), música de Moraes Moreira e novos compositores, com destaque para a dupla Jorge Papapá e Sérgio Passos.

Até cantoras que já tinham um histórico anterior ao sucesso de Daniela Mercury ganharam um impulso das gravadoras para aproveitar o embalo do novo fenômeno da axé music. Silvinha Torres já havia lançado um disco pela Continental em 1988, *Ilusão*, com a maioria de músicas de sua autoria. Em 1992, já na BMG Ariola, lançou *Arte poesia*, um álbum que remetia às sonoridades da música de Daniela. Entre uma versão "axezada", suingada e percussiva de "Ive Brussel" (Jorge Ben Jor) e uma regravação em modo balada de "Qui nem jiló" (Luiz Gonzaga/ Humberto Teixeira), o disco mantinha um clima de festa e celebração da Bahia e de sua nova música, além de referências a orixás. No repertório, músicas de Rey Zulu, do Olodum e um *pot-pourri* com *hits* da axé music.

O perfil de cantoras não negras virou regra, com o surgimento contínuo de novas apostas e promessas de sucesso. Diversas outras cantoras, influenciadas em maior ou menor grau pelo sucesso de Daniela, despontaram nos anos seguintes. Aliás, é importante registrar que, com isso, as mulheres passaram a dominar o mercado baiano, ao menos como figuras à frente das bandas. Um exemplo disso foi a própria substituta de Daniela na Companhia Clic, em 1990. Carla Visi seguiu uma trajetória bem-sucedida, especialmente depois de assumir os vocais da banda Cheiro de Amor.

Naquele período pós-*O canto da cidade*, Ivete Sangalo assumiu a Banda Eva e iniciou uma trajetória de sucesso que se consolidaria com a carreira solo a partir de 1999. Para substituí-la, elegeram outra cantora, Emanuelle Araújo, que já vinha de experiências em outras bandas e depois foi substituída por Saulo Fernandes. Gilmelândia passou por várias bandas até integrar a Banda Beijo, substituindo Netinho, a partir de 1998, quando o grupo voltou à ativa. Com a Universal Music, lançou três álbuns, emplacando sucessos no Carnaval baiano. Carla Cristina fez sucesso como vocalista da banda As Meninas, que integrou entre 1997 e 2002. Com a banda, chegou a vender mais de 400 mil cópias, atingindo o Disco de Ouro, no embalo de "Xibom bombom", que alcançou o primeiro lugar nas rádios brasileiras. Depois de sair da banda, prosseguiu na Universal Music, em carreira solo.

Desde 1986 nos vocais da banda Cheiro de Amor, Márcia Freire decidiu seguir carreira solo em 1995, sendo substituída por uma série de cantoras, que seguiam o padrão de beleza "estereotipado" do período. Na sequência, assumiram os vocais da banda as cantoras Carla Visi, Alinne Rosa e Vina Calmon, com as duas primeiras seguindo carreiras solo. O grupo Babado Novo surge em 2001, tendo à frente a cantora Claudia Leitte, que logo também seguiria carreira solo, sendo substituída por dois cantores e depois por mais uma cantora, Mari Antunes. Foram várias outras mulheres à frente das bandas que surgiram, mostrando que o caminho inaugurado por Daniela permaneceu como tendência.

Além de abrir espaço para as cantoras, como vimos, Daniela deu origem a uma nova formatação dos shows, que ganhavam ares de espetáculo cênico pop. Para Márcia Short, o sucesso de Daniela com *O canto da cidade* contribuiu para a divulgação e inseriu nossa música em um padrão internacional de *show business*.

> A partir dali, a gente passou por um processo de profissionalização e de ampliação de elementos cênicos. Daniela introduziu os bailarinos, essa coisa de *show business*, mais Broadway, deu uma internacionalizada que foi muito interessante.

A professora Jussara Setenta concorda. Para ela, Daniela influenciou o jeito de lidar cenicamente com as apresentações, aumentando o cuidado com dança, figurino, maquiagem.

> As bandas na Bahia começaram a levar dançarinos para o palco, embalados pelo tipo de cênica que Daniela impôs. Ivete fez o mesmo caminho, convidou dançarinos, os mesmos coreógrafos, inclusive. Também teve essa preocupação cênica. O primeiro show dela, de lançamento da carreira solo, saindo da Banda Eva, já tinha um diretor de teatro, troca de roupa, entre outros elementos.

O alcance daquela influência ultrapassou as fronteiras da Bahia. Daniela e a axé music contribuíram para estabelecer um novo padrão de *performance* e um novo formato para a música pop brasileira. No Norte-Nordeste isso ficou mais evidente, com artistas ligadas a ritmos mais populares sofrendo forte influência da cantora. Para Felipe Cordeiro, músico, cantor, compositor e criador dedicado à cultura do Norte do Brasil, quando a axé music se tornou poderosa no começo dos anos 1990, com o sucesso de Daniela Mercury, tudo mudou. "No Pará, praticamente todas as bandas que tocavam lambada, brega, ritmos locais, passaram a tocar axé music, elas passaram a ser sub-bandas baianas", explica[48]. Segundo o músico, a força de Daniela foi imensa com o sucesso de O canto da cidade e dos discos seguintes.

> Ela foi referência pra todas essas cantoras dos anos 1990 que queriam fazer um som regional e brasileiro. Porque ela fazia um som com muita identidade, baiano, mas amplamente brasileiro e muito competente do ponto de vista de entretenimento e da própria música, alcançando lugares artísticos primorosos, com discos fabulosos. Acho que todas as cantoras que cresceram nos anos 1990 não passaram incólumes por Daniela Mercury. Foi uma grande referência.

É o caso da cantora, compositora e dançarina paraense Joelma Mendes, que ficou famosa à frente da banda Calypso. Antes de formar o grupo com o guitarrista Ximbinha, ainda aos 19 anos, a artista teve uma trajetória numa espécie de banda de baile, que, entre outras coisas, tocava muita axé music. Ela lembra:

> Daniela começou a fazer parte da minha vida na época que eu cantava em Almeirim, minha cidade no interior do Pará. Na época, a música "O canto da cidade" estava no auge e Daniela também. Quando cheguei a Belém pra fazer meu primeiro teste pra entrar na banda Fazendo Arte, foi cantando essa música dela.[49]

---

48 Entrevista ao autor em setembro de 2020.

49 *Idem.*

Entre tantas outras, a banda seguia o caminho do sucesso do momento no Brasil, a axé music, com músicas dos artistas baianos no repertório, em especial canções de Daniela. E não era apenas o repertório: Joelma emulava a cantora baiana nos trejeitos, no modo de cantar e até na dança. Com a Fazendo Arte, a paraense chegou a lançar dois discos. "Daniela é incrível. Canta, dança, bailarina formada. Me inspirou muito."

Felipe Cordeiro lembra que naquele período as rádios do Pará passaram a ter uma programação quase inteiramente formada por axé music.

> Em parte, porque caiu no gosto do público. Belém passou a ter dois carnavais fora de época, o Pará Folia e o CarnaBelém. Então, todas essas bandas, inclusive a que Joelma cantava antes da Calypso, tocavam nos trios elétricos desses carnavais de época de Belém.

Com essas festas, as bandas foram migrando para os ritmos baianos.

> No Pará, esse processo da baianização, vamos dizer assim, foi avassalador. Isso só muda em 1996, quando o Ximbinha estoura um artista chamado Roberto Vilar na periferia de Belém e em Macapá, e o povo começou a pedir brega de novo na rádio.

Ainda na região Norte, a banda amazonense Carrapicho foi outra que sofreu o impacto do sucesso de *O canto da cidade* e da axé music. Formado em Manaus, em 1978, o grupo já era bem-sucedido na região, mas, em 1996, com a música "Tic tic tac", obteve um sucesso estrondoso no Brasil e na França. O álbum *Festa do Boi Bumbá* (BMG Music Brasil, 1996) ganhou o certificado de

Disco de Platina duplo, com mais de 500 mil unidades vendidas.

Felipe Cordeiro lembra que seu pai, o músico e produtor Manoel Cordeiro, trabalhou com a banda até aquele período. Segundo ele, a Carrapicho não tinha um estilo muito claro, tocava forró, lambada e boi bumbá.

> Eram bem misturados, era meio que uma banda dançante em busca de uma identidade. Mas os bois bumbás que eles gravaram, aconteceram lá, eles foram renovando, crescendo e gravando. Fez um sucesso local muito grande.

Na visão do músico, a influência do axé na banda Carrapicho já acontece nos anos 1990, mais especificamente nesse álbum que tem "Tic tic tac". "Não é na sonoridade, é muito mais nesse empacotamento pop."

Com a explosão da axé music, os vários ritmos e estilos populares brasileiros espalhados pelas diversas regiões do país viam surgir uma oportunidade inédita de alcançar um público mais amplo. Não havia, entretanto, um mercado consumidor consolidado para cada um deles no resto do Brasil, e as gravadoras buscavam aproximar seus produtos de algo que já funcionava e tinha mercado. Logo a axé music passou a ser uma espécie de modelo, não necessariamente na sonoridade, mas nessa embalagem de pop brasileiro.

No rastro dos artistas baianos, o Ceará, por exemplo, assistiu ao crescimento do forró eletrônico, também batizado como "oxente-music". A ideia tinha similaridades com o que acontecia na Bahia: ritmos tradicionais incorporando elementos modernos, resultando em uma sonoridade mais pop. Eram bandas como Mastruz com Leite, Aquárius, Cavalo de Pau, Mel com Terra e Styllus, que agregavam um pouco de lambada e da própria axé music ao tradicional forró nordestino. A zabumba perdeu força e abriu-se espaço para teclado, contrabaixo, guitarra elétrica e sax.

"Esse jogo de influências, de um estilo pra outro, de um Estado pra outro, de uma região pra outra, é uma constante no Brasil. No caso do Norte-Nordeste, isso é muito explícito", esclarece Felipe Cordeiro, artista dedicado a compreender culturas populares no Brasil e que utiliza esses elementos em sua música. Para ele, esse intercâmbio está na base desses ritmos e movimentos populares.

> Esses cruzamentos são muito naturais no meio popular e pop. As pessoas pegam as tendências e o que está fazendo sucesso e vão agregando ao seu som, muitas vezes vão chamando de outras coisas, dando outros nomes, que é também uma coisa do marketing.

Segundo ele, isso começou acontecer nos anos 1980, se intensificou nos anos 1990 e segue até hoje:

> Acho que até a MPB dos anos 1970 isso não se fazia no mundo popular, porque também não tinha um mercado estimulando. Hoje as pessoas querem consumir um tal de brega-funk, amanhã já querem inventar uma nova mistura e por aí vai. É um pouco assim que o jogo de influências começa a ficar bastante misturado e não sabe mais as origens. É um grande rizoma cheio de veias que se conectam. Às vezes tem um fato histórico muito relevante, mas ele mesmo está ligado a outros pequenos fatos e uma hora fica tudo bastante misturado.

Esses cruzamentos de ritmos foram base para o surgimento da axé music, que, com seu enorme sucesso, acabou se tornando uma influência ainda mais presente na música nacional. Para a cantora baiana Márcia Castro, a axé music teve um papel muito grande na música brasileira pós-anos 1990. "Pra mim, esse novo sertanejo, por exemplo, é completamente influenciado pela axé music."[50] Ela considera que a própria MPB sentiu os efeitos do sucesso da música vinda da Bahia.

> Houve muitas trocas. Se você pensar em Carlinhos Brown, em Timbalada, em como isso refletiu na MPB e como o axé absorveu muita coisa dessa música brasileira... Acho que influenciou demais, principalmente essa matriz percussiva que começou a ficar muito presente, inclusive dentro do pop.

Mesmo que isso não seja sempre evidente, Daniela e a axé music provocaram um efeito também na chamada música brasileira contemporânea, da qual a própria Márcia Castro faz parte. Ela é de uma geração de artistas que durante muito tempo renegou a axé music, mas que hoje assume ter recebido forte influência desse estilo musical.

> O axé me influenciou muito, mas só comecei a perceber isso depois. Passei minha adolescência ouvindo axé music, ouvindo Daniela Mercury. Sou superinfluenciada por ela, só que resistia a dizer, porque isso fazia parte de uma lógica de mercado que eu não concordava. Hoje não, hoje sei que tenho ali influências estéticas, influências de repertório.

Para ela, o processo de absorver essa referência foi natural:

---

50 Entrevista ao autor em julho de 2020.

> Você não pensa muito, quando vê já está empostando um canto, às vezes até parecido, um jeito de cantar, suas escolhas musicais vão muito próximo daquela pessoa. Acho que eu vivi muito esse processo com Daniela. Só que seria inadmissível eu falar isso para mim mesma e para as pessoas.

Mesmo sendo baiana, assumir a axé music como referência foi difícil, por todo o preconceito envolvido.

> Você diz primeiro todas suas outras referências, MPB, jazz, o que for, lá atrás você vai colocar o axé, porque aquilo não é matriz ainda, aquilo não tem a valia que têm essas outras coisas. Hoje eu já reconsidero. Daniela é referência, Margareth Menezes é uma referência. Na construção da minha persona musical, especialmente da intérprete que sou, essas artistas são grandes referências.

Depois de trafegar por uma música brasileira entre a mais tradicional e a contemporânea, Márcia Castro planeja homenagear a axé music em seu quinto álbum, revelando mais claramente essa influência em sua música, com composições inéditas.

Por afinidade, Daniela se tornou a principal influência de Márcia dentro do movimento baiano.

> Pelas escolhas que fez, por ser uma das artistas da axé music mais ligada à MPB. Sempre tive muita afinidade com tudo dela, com a estética, em como a dança entrava na música e com a ousadia. Sempre achei ela muito ousada e tinha identificação com aquilo, talvez eu me espelhasse, quisesse ser aquilo de alguma forma.

Outro aspecto fundamental, segundo Márcia, foi o modo vanguardista de defender a música negra dentro do trabalho dela. "Quando eu a via introduzindo tudo aquilo, achava incrível. Quando ela explodiu com O *canto da cidade* fiquei completamente fascinada com aquilo."

Assumidos ou não, vários outros nomes tiveram influência de Daniela Mercury, ou da axé music em geral, em sua trajetória. Uns de forma mais evidente, outros de forma mais sutil, com algum elemento particular, ou em trabalhos específicos. Entre eles estão nomes como a banda carioca Do Amor, os baianos Lucas Santtana e Suinga, o alagoano Wado, as paulistas MC Tha e Bárbara Eugênia e o maranhense Pablo Vittar (que chegou a regravar em inglês o sucesso de Daniela "Swing da cor"). Gaúcha radicada no Rio, Adriana Calcanhotto fez a ligação entre a bossa nova e o samba-reggae ao colocar de forma surpreendente a batida do Olodum na mais conhecida das 11 composições de João Gilberto, "Bim bom". A canção entrou no segundo volume de *Partimpim*, projeto de música para o público infantil de Adriana, em 2010. "Sempre ouvi o violão do João Gilberto e o Olodum como duas coisas que juntas são uma só", disse Adriana[51]. Artistas baianos contemporâneos como BaianaSystem e Larissa Luz também trazem referências importantes de samba-reggae, ijexá e dos blocos afro.

Em seu trabalho, o cantor e compositor capixaba Silva não demonstrava originalmente uma relação direta com a axé music, mas, com o projeto Bloco do Silva, revelou um lado carnavalesco influenciado pela música baiana. Em entrevistas, ele reconheceu

---

51 Lauro Lisboa Garcia, "O elo da bossa nova com o baião", *O Estado de S. Paulo*, 11 fev. 2010, disponível em: <https://www.estadao.com.br/noticias/geral,o-elo-da-bossa-nova-com-o-baiao,509439>, acesso em: maio 2021.

que a ideia era homenagear o repertório de Carnaval dos anos 1990. "Foi o primeiro Carnaval da minha geração, uma música pop, mas com base tão forte nas raízes do Brasil", disse Silva[52]. Tanto nos shows quanto no disco lançado pelo projeto paralelo, Silva apresentou um repertório com grandes *hits* de Carnavais de várias épocas, com foco no axé dos anos 1990, com músicas de Daniela Mercury, Cheiro de Amor, Banda Eva e Ara Ketu. No álbum, o capixaba regravou axé, frevo, samba e MPB, com direito a participação especial de Daniela Mercury.

O pernambucano Johnny Hooker nunca se incomodou em reconhecer a influência da música baiana. Transitando por samba, tecnobrega, axé e diversas sonoridades, ele tem em seu repertório músicas que seriam potenciais *hits* para tocar no Carnaval baiano, como "Coração de manteiga de garrafa", "Caetano Veloso" e "Escandalizar". Chegou também a regravar um sucesso da Timbalada, "Beija-flor" (Xexéu/ Zé Raimundo), para a trilha sonora da novela global *Segundo sol*, de 2018. Aliás, o folhetim global trazia na trilha sonora outras versões para clássicos da axé music: "O mais belo dos belos" com a cantora Alcione; "Baianidade nagô" (Evany), com Maria Gadú; "Vem meu amor" (Silvio/ Guio), com Wesley Safadão, e "Beleza rara" (Ed Grabdão/ NegoJohn), com Thiaguinho.

No Festival Combina MPB, que aconteceu em 2017, em Salvador, Hooker recebeu Daniela como convidada, e lá declarou sua forte influência:

> Essa música ["Coração de manteiga de garrafa"] era para parecer com as coisas que ela fazia. Daniela Mercury é um ícone, é uma cantora

---

52 "Salvador recebe Bloco do Silva em janeiro", *Correio*, 19 nov. 2019, disponível em: <https://www.correio24horas.com.br/noticia/nid/salvador-recebe-bloco-do-silva-em-janeiro/>., acesso em: maio 2021.

> gigante, uma artista gigante. Dançarina, compositora, ativista. Essa música é uma homenagem a ela. Misturei um pouquinho da Bahia e um pouquinho de Pernambuco.

O trio As Bahias e a Cozinha Mineira, que passou a assinar As Baías, não só assume essa influência como acabou se aproximando de Daniela após alguns trabalhos em parceria. Formado por duas cantoras trans, Assucena Assucena e Raquel Virgínia, além de Rafael Acerbi, dividiram o palco com a artista baiana nesse mesmo show do Festival Combina MPB, gravaram juntos a série Clubversão Latino no canal HBO, cantando música de Chico Buarque, entre outras experiências. Raquel Virgínia conta:

> Daniela foi incrível com a gente. Ela tem noção da questão de gênero que perpassa a música, entende que tem um lugar como precursora e não é reconhecida como um homem seria. Acho que ela entende o tamanho dela e questiona o valor do que trouxe como musicalidade e criação. Ela trouxe esse valor pra gente de questionar sempre, de que somos trans, mas podemos ser precursoras, grandes e inovadoras. Foi muito interessante, incrível trabalhar com ela. Aprendemos a lidar com músicos extremamente experientes. No final ela chamava a gente de minhas meninas.[53]

Apesar de Assucena Assucena ser baiana, a relação da banda com a axé music se deve muito à parceira de grupo. Paulistana da periferia, Raquel Virgínia sempre esteve imersa na música popular via rádio, principalmente no que era popular no Nordeste. Logo, a axé music era parte de sua vida desde a infância. "Só sou cantora porque quis ser

---

53 Entrevista ao autor em setembro de 2020.

cantora de axé. Cresci muito fortemente conectada com isso." Desde os 13 anos, ela se aproximou da música baiana e de nomes como Daniela, Ivete, É o Tchan, entre outros. "Quando era adolescente, eu era o Jacaré querendo ser a Scheila." A partir dali, começou a pesquisar música e a fazer axé. Aos 17, convenceu a mãe de que tinha de ir para a Bahia. Quando chegou a Salvador, conheceu uma negritude que ela não imaginava existir.

> Óbvio que já tinha ouvido falar de Olodum, Timbalada, mas infelizmente a música baiana que chega a São Paulo é uma música pasteurizada, diga-se racista, praticamente não chegaram divas negras. [...] Quando cheguei, vi aquela musicalidade e fiquei muito encantada. Descobri o peso que Daniela Mercury tem nisso tudo. Consegui dimensionar o quanto ela é importante para a cultura e a música baiana e, especificamente, para a axé music.

Depois do período em Salvador, Raquel Virgínia voltou a São Paulo carregando aquelas referências e, na faculdade, montou o trio. É dela "Mãe Menininha do Gantois", a canção do grupo que mais se aproxima da estética da música baiana, inclusive na letra. Assucena Assucena conta:

> A pretensão foi trazer essa sonoridade da axé music para o disco. A maioria dos músicos era de paulistanos e mineiros, então ali tem uma coisa que é pretensamente baiana. Porque é muito diferente um percussionista da Bahia tocar axé, uma diferença cultural mesmo.[54]

E conclui: "A experiência com a axé music foi determinante para a gente." Daniela também. "A voz dela

---
54 Entrevista ao autor em setembro de 2020.

foi uma referência para qualquer intérprete no Brasil e, além da musicalidade, tem a interpretação e a conexão com o que ela significou, por ter sido uma figura tão popular e tão acessada."

Essa possibilidade de uma mulher, nordestina, tornar uma música brasileira pop em sua essência, ser sucesso em todo o país, era uma grande novidade. Para Patricktor4, o que ela fez foi novo e revolucionário. "Ela conseguiu enxergar e dar início no Brasil a essa perspectiva de uma cantora solo, que a banda fica lá atrás, que é mais ela na frente do palco, com bailarinos, figurinos e outros elementos." Segundo ele, não existiriam nomes como Ivete Sangalo e outras sem ela.

> Daniela tem contribuição no desenho dessa música pop do Brasil. Se hoje existem figuras como Anitta e Ludmila, com esse tipo de identidade artística e estética, Daniela foi esse marco zero. Isso tem uma força histórica.

A música baiana nos anos 1990 galgou espaços internacionalmente. Além de boas vendagens de nomes como Daniela, Ivete Sangalo, Olodum, Margareth, em países latinos e europeus, especialmente Portugal, também provocou o surgimento de bandas de axé music e blocos afro em outras praças. Alguns sendo bem-sucedidos, como o grupo Axé Bahia, sucesso no Chile e em outros países da América do Sul. O músico Letieres Leite reforça isso. Para ele, mesmo com a axé music não tendo hoje o sucesso de anos anteriores, ela continua forte, inclusive no exterior:

> Onde tiver uma festa, ela vai estar. Não estou falando aqui em Salvador não, aqui até menos, porque na Bahia os ritmos sempre estão rodando, mas viajo bastante e tenho observado

> isso. Em festa do interior, no Rio Grande do Sul, em São Paulo, outros lugares, até na Europa, você vai ter o samba e você vai ter a opção de ter alguém tocando a música da Bahia para dançar. Quando tem uma festa, as pessoas vão se divertir com ela. É uma música que cumpre esse papel. Ninguém tem dúvida de que se você botar uma banda as pessoas vão se divertir. Isso não tem como acabar.

Para Patricktor4, o país precisava se reconhecer como produtor de música pop, sem medo ou vergonha de fazer isso bem-feito, como Daniela fez. "Sem dúvida, ela foi um marco histórico e poderia ter influenciado muito mais se não fosse esse preconceito."

Mas não foi apenas a visão de fora da Bahia que prejudicou a axé music. Problemas de mercado e também preconceitos na própria Bahia tiveram consequências. A mudança de perfil, o abandono das origens negras e a preocupação apenas com negócios de forma imediata foram determinantes para o processo de decadência da axé music. Letieres Leite lembra que os blocos eram administrados como empresas e os artistas eram tratados como funcionários dessas empresas:

> Não houve o pensamento mais horizontal. Seria até de uma mecânica inteligente de negócio entender que em algum momento tinha de ter uma renovação para poder horizontalmente se espalhar e durar por mais tempo. Dou o exemplo do sertanejo, mas tem exemplos de outros lugares no mundo em que isso aconteceu. Aqui na Bahia não foi assim. Chega a ser assustador saber que grandes estrelas amealharam fortunas e que não teve investimento na manutenção desse negócio, de forma coletiva.

Em 2008, Ramiro Musotto já alertava para o modo como a indústria se comportava. "Não me interessa artisticamente um movimento que se baseia na festa e no Carnaval", diz[55]. Para ele, a axé music não podia ser a única música que representa uma cidade ou que se consuma no lugar.

> Aqui existe um excesso de axé, e tudo é parecido, não sei distinguir uma banda de outra. São bandas organizadas por empresários e empresas, não por artistas. Refletem a realidade do mercado de consumo "artístico". Arte vazia. Claro que há exceções, como Brown e Daniela, que utilizam elementos e que são formados pela axé music e que são legais.[56]

* * *

Nesses quase trinta anos desde o lançamento de *O canto da cidade*, vários artistas surgiram e desapareceram. Vários "novos ritmos", "novas danças" e "novidades" causaram sensação, viraram moda e caíram no esquecimento. Hoje com mais de 50 anos, Daniela Mercury continua produzindo. Depois de *O canto da cidade*, lançou diversos outros álbuns e manteve uma carreira de sucesso, emplacando *hits*, vendendo muitos discos e influenciando a música brasileira.

O trabalho posterior a *O canto da cidade* foi *Música de rua* (Epic-Sony Music, 1994), também produzido por Liminha, com Daniela assumindo boa parte das composições. Novamente ela trazia músicas de Herbert Vianna, Carlinhos Brown, Guiguio e Rey Zulu, e novidades como uma faixa de Lucas Santanna e Quito Ribeiro. O álbum

---

55 "'O Carnaval e a axé music estão contra a cultura popular da Bahia'", *op. cit.*

56 *Ibidem.*

ultrapassou a marca de 500 mil cópias vendidas, obtendo Disco de Platina duplo, no embalo dos *hits* "Música de rua" (Daniela Mercury/ Pierre Onassis), "Vulcão da liberdade" (Tonho Matéria), "O reggae e o mar" (Daniela Mercury/ Rey Zulu) e "Por amor ao Ilê" (Guiguio).

Na sequência, lançou *Feijão com arroz* (Sony, 1996), considerado por muitos, inclusive pela crítica, seu melhor disco. Produzido por Alfredo Moura e Rildo Hora, foi o segundo mais bem-sucedido comercialmente da carreira, vendendo mais de 800 mil cópias só no Brasil e conquistando Disco de Diamante. Fora do país, foi seu maior sucesso. Tornou-se um dos discos mais vendidos de todos os tempos em Portugal, ultrapassando as 280 mil cópias e recebendo seis Discos de Platina. Com um time ampliado de instrumentistas, que incluía um enorme número de percussionistas e naipe de sopros, o disco teve como sucessos "À primeira vista" (Chico César), "Nobre vagabundo" (Márcio Mello), "Rapunzel" (Alain Tavares/ Carlinhos Brown), "Feijão de corda" (Ramon Cruz) e "Minas com Bahia" (Chico Amaral), esta em dueto com Samuel Rosa, do Skank.

Entre trabalhos ao vivo e acústicos, Daniela lançou ainda outros álbuns significativos. *Elétrica* (Sony, 1998), o primeiro ao vivo, que vendeu 500 mil cópias. Com *Sol da liberdade* (BMG Brasil, 2000), a estreia em uma nova gravadora, repetiu a marca. Os destaques deste último foram as músicas "Como vai você", regravação dos irmãos Antônio e Mário Marcos, e "Ilê Pérola Negra (O canto do negro)" (Guiguio/ Miltão/ René Veneno). Assim como "O mais belo dos belos", esta última faixa reunia duas composições distintas, "O canto do negro", de Miltão, e "Pérola Negra", de Guiguio e Rene Veneno. De novo, ela incorporava obras de compositores ligados ao Ilê Aiyê e Olodum. A maior inovação do disco foi a fusão de tambores do samba-reggae com música eletrônica.

Na sequência, lançou discos menos expressivos, nem sempre bem recebidos pela crítica e com menos sucessos populares, mas ainda assim vendendo cerca de 100 mil cópias por álbum e deixando suas marcas. Em *Carnaval eletrônico* (BMG Brasil, 2004) voltou a emplacar um sucesso, "Maimbê Dandá" (Carlinhos Brown/ Mateus Aleluia), que chegou ao primeiro lugar das paradas e impulsionou o disco a uma vendagem de 190 mil cópias. Seguiu com a carreira, sendo uma fiel intérprete dos sons do gueto e do samba-reggae, uma das poucas que se manteve nessa linha. Sustentou ainda as referências ao Ilê Aiyê e a luta contra o racismo e o preconceito, além de incorporar o combate à homofobia, especialmente após se casar com a jornalista Malu Verçosa, em 2013.

Depois de discos autorais, nos quais trafegou por temas e ritmos diversos, como MPB e funk carioca, lançou, em 2020, o álbum *Perfume* (Páginas do Mar, 2020) e voltou a entrar em sintonia com elementos presentes em O *canto da cidade*. Ritmos populares, discursos politizados, o Carnaval baiano e celebrações ao Ilê Aiyê. Não tão marcante quanto em 1992, a exaltação ao bloco afro em "Pantera Negra Deusa" (Daniela Mercury/ Gabriel Póvoas) e na regravação de "Exalou" (Marito Lima/ Lafayete/ Milton Boquinha), originalmente batizada como "Negras perfumadas", mostravam que o amor ao Ilê era sincero.

Para a própria Daniela Mercury, o sucesso que ela alcançou com O *canto da cidade* e na sequência de sua carreira remontam à história e à trajetória de um universo musical que surgiu muito antes dela. "A nossa geração que foi subindo no trio, fazendo uma nova música, fez uma base de público para a música dançante baiana. Foi uma contribuição de muita gente." Como em tantos outros momentos da música, a Bahia viu surgir ali um novo movimento que agregava ao mesmo tempo a produção de toda uma geração, com diversas influências e motivações:

> Tudo estava se formando de algum modo, o que veio antes de mim e o que estava acontecendo paralelamente lá na Bahia, no Nordeste. Tudo que a gente conseguiu fazer no Norte-Nordeste, tudo que alguns conseguiram fazer no Sudeste. O Chiclete, a Banda Beijo, o Cheiro de Amor, Margareth, o Ara Ketu. Foi muita gente fazendo em várias frentes, cada um no seu universo, no seu grupo, foi fazendo uma história.

Todo aquele grupo de artistas acabou sendo visto como uma coisa só. Inicialmente isso aconteceu de forma pejorativa, é verdade, mas o processo foi dando uma unidade ao que acontecia. Daniela arremata:

> Por isso o axé virou um movimento dessa magnitude. Por causa de Luiz Caldas, por causa de todo mundo. Porque Luiz também chamou a atenção para o que estava sendo feito na Bahia, então as gravadoras vieram olhar pra gente, porque Luiz fez sucesso, porque Sarajane fez sucesso. No fundo não tinha sido uma coisa só. Agora, não tinha ali uma base que podia ter continuidade, podia acontecer alguma coisa ou não. Quem veio depois podia levar o resto ou podia não levar também. Podia conseguir estar no lugar importante na MPB e consagrar essa música e ganhar respeito e conceito, legitimação em termos de música popular brasileira ou não.

Daniela Mercury conseguiu.

Ficha técnica
do disco

LP
Lado A

1. O canto da cidade — Tote Gira, Daniela Mercury — 3:22

Daniela Mercury - voz; David Santiago - teclados; Tony Augusto - guitarra; Cesário Leony - baixo; Ramon Cruz - bateria; Théo Oliveira - repique e pandeiro; Beto Rezende - repique e ganzá; Ramiro Musotto - repique, surdos e programação

2. Batuque — Rey Zulu, Genivaldo Evangelista — 3:21

Daniela Mercury - voz; Luisinho Assis - arranjo, teclados e programação; Tony Augusto - guitarra; Cesário Leony - baixo; Ramiro Musotto - arranjo, programação e samplers; Putuca - timbaus; Jackson - repiques; Vania Mercury, Ramon Cruz, Toinho Brito, Raje - vocais

3. Você não entende nada/ Cotidiano (música incidental) — Caetano Veloso/ Chico Buarque — 3:04

Daniela Mercury - voz; David Santiago - teclados; William Magalhães - teclados; Tony Augusto - guitarra; Cesário Leony - baixo; Ramon Cruz - bateria; Ramiro Musotto - percussão

4. Bandidos da América — Jorge Portugal — 3:25

Daniela Mercury - voz; Luisinho Assis - arranjo, teclados e programação; David Santiago - teclados introdução; Tony Augusto - guitarra; Cesário Leony - baixo; Ramon Cruz - bateria e vocal; Ramiro Musotto - arranjo, programação e percussão; Putuca - timbaus; Giba - cuíca e tamborim; Jackson - repique; Théo Oliveira - tamborim; Beto Resende - tamborim; Vania Mercury, Raje, Toinho Brito - vocais

5. Geração perdida — Daniela Mercury, Ramon Cruz, Toni Augusto — 4:11

Daniela Mercury - voz; David Santiago - teclados; William Magalhães - teclados; Tony Augusto - guitarra; Cesário Leony - baixo e fretless; Ramon Cruz - bateria

6. Só pra te mostrar — Herbert Vianna — 3:57

Daniela Mercury - voz; Herbert Vianna - voz e guitarra; Liminha - programação de bateria, percussão e bateria; William Magalhães - baixo e teclados

Lado B

1.	O mais belo dos belos (A verdade do Ilê/ O charme da liberdade)	Guiguio/ Valter Farias, Adailton Poesia — 3:31

Daniela Mercury - voz; David Santiago - teclados; William Magalhães - teclados; Liminha - programação; Ramiro Musotto - arranjo de percussão, percussão e bateria eletrônica; Prego - apito, tarol e surdo centro; Vania Mercury, Toinho Brito, Ramon Cruz, Angela Lima, Raje, Ramiro Musotto, Sidnei, Vitor, Dinde, Beto Resende - vocais e palmas

2.	Rosa negra	Jorge Xaréu — 3:21

Daniela Mercury - voz; David Santiago - teclados; Tony Augusto - guitarra; Cesário Leony - baixo; Ramon Cruz - bateria e vocal; Théo Oliveira - repique; Beto Resende - repique; Ramiro Musotto - cimbal, tarol e programação; Vania Mercury, Raje, Toinho Brito, Angela Lima - vocais

3.	Vem morar comigo	Daniela Mercury, Durval Lelys — 3:35

Daniela Mercury - voz; David Santiago - teclados; William Magalhães - teclados; Tony Augusto - guitarra; Cesário Leony - baixo; Ramon Cruz - bateria e vocal; Ramiro Musotto - percussão

4.	Exótica das artes	Armandinho Macedo, Edmundo Carôso — 3:29

Daniela Mercury - voz; David Santiago - teclados; William Magalhães - teclados; Tony Augusto - guitarra; Cesário Leony - baixo; Ramon Cruz - bateria; Ramiro Musotto - percussão

5.	Rimas irmãs	Carlinhos Brown — 3:42

Daniela Mercury - voz; David Santiago - teclados; Tony Augusto - guitarra; Cesário Leony - baixo; Ramon Cruz - bateria; Théo Oliveira, Beto Resende, Ramiro Musotto - percussão

6.	Monumento vivo	Moraes Moreira, Davi Moraes — 3:06

Daniela Mercury - voz; David Santiago - teclados; Tony Augusto - guitarra; Cesário Leony - baixo; Ramon Cruz - bateria; Ramiro Musotto - percussão

Produzido por Liminha

Arranjos concebidos por Daniela Mercury, Liminha e músicos participantes

Arranjo de "Bandidos da América" concebido por Luizinho Assis, Ramiro Musotto e Liminha

Arranjo de "Batuque" concebido por Luizinho Assis e Ramiro Musotto

Arranjo de "Só pra te mostrar" concebido por Herbert Vianna, William Magalhães e Liminha

Coordenação geral: Jorginho Sampaio

Estúdios de gravação: WR (Salvador) em julho de 1992; Nas Nuvens (Rio de Janeiro) em julho de 1992

Engenheiros de gravação: Liminha, Walter Rodrigues, Vitor Farias, Antoine Midani e Paulo Junqueiro

Assistentes de estúdio: Marcio Paquetá, Guilherme Calicchio

Mixagem: Paulo Junqueiro e Liminha; exceto nas faixas "Bandidos da América", "O mais belo dos belos" e "Só pra te mostrar": Victor Farias e Liminha

Assessoria técnica: Ricardo Garcia

Assessoria de repertório: Manolo Pousada

Equipe de apoio: Sidnei e Dinde

Masterizado no Estúdio Vison Digital (Rio de Janeiro)

Fotos: Marcelo Faustini

Direção de arte: Carlos Nunes

BIBLIOGRAFIA

ARAÚJO FILHO, Antônio Neves de. *Protestos e manifestações afro-brasileiras na música negra baiana nos anos de 1980.* Dissertação (especialização em história e cultura africana e afro-brasileira). Caicó: UFRN, 2016.

AZEVEDO, Ricardo. *Axé-music: o Verso e o reverso da música que conquistou o planeta.* Salvador: Alpha, 2007.

CASTRO, Armando Alexandre. "Axé music: mitos, verdades e world music". *Per Musi*, n. 22, 2010, pp. 203-17.

CUNHA, Jonga. *Por trás dos tambores.* Salvador: Editora KSZ, 2008.

DANTAS, Marcelo. *Olodum: de bloco afro a holding cultural.* Salvador: Edições Olodum; Editora da Fundação Casa de Jorge Amado, 1994.

GOMES, Tom. *Banda de milhões.* São Paulo: Nova Leitura, 2011.

GUERREIRO, Goli. *A trama dos tambores: a música afro-pop de Salvador*. São Paulo: Editora 34. 2000.

OLIVEIRA, Marcelo Cunha; CAMPOS, Maria de Fátima Hanaque. "Carnaval, identidade negra e axé music em Salvador na segunda metade do século XX". *Textos Escolhidos de Cultura e Arte Populares*, v. 13, n. 2, Rio de Janeiro, 2016.

RISÉRIO, Antônio. *Carnaval Ijexá*. Salvador: Corrupio, 1981.

SANTANNA, Marilda. *As donas do canto: o sucesso das estrelas-intérpretes no Carnaval de Salvador*. Salvador: EDUFBA, 2009. Disponível em: <https://repositorio.ufba.br/ri/handle/ufba/186>. Acesso em: maio 2021.

SANTOS, Marcos Joel de Melo. *Estereótipos, preconceitos, axé-music e pagode*. Dissertação (pós-graduação em psicologia). Salvador: UFBA, 2006.

SETENTA, Jussara Sobreira. *Corpos musicais: a dança na cena artística de Daniela Mercury*. Dissertação (mestrado em artes cênicas). UFBA, 2002.

SILVA, Marilda de Santana. *As donas e as vozes: uma interpretação sociológica do sucesso das estrelas intérpretes no Carnaval de Salvador*. Dissertação (doutorado em filosofia e ciências humanas). Salvador: UFBA, 2007.

SOBRE O AUTOR

Baiano de Salvador, Luciano Matos é jornalista formado pela Universidade Federal da Bahia (UFBA) e produtor cultural. Mantém há mais de vinte anos o *site* sobre música *el Cabong* (www.elcabong.com.br). Desde 2008, produz e apresenta o programa *Radioca*, na rádio Educadora FM (Bahia), e é um dos responsáveis pelo festival musical Radioca. Além de ex-editor do *site iBahia*, colaborou em jornais, portais e revistas como *A Tarde*, *UOL* e *Showbizz*.

Este livro também está disponível em formato ePub.
Saiba mais no site das Edições Sesc: <bit.ly/cantodacidade>.

Fonte	Sabon LT 10,5/12,5 pt
	Fakt 14/20 pt
Papel	*Pólen natural 80 g/m²*
Impressão	*Visão Gráfica*
Data	*Agosto 2023*